让知识成为每个人的力量

刘晗——著

想点大事

法律是种思维方式

THINK BIG AND
BEYOND YOURSELF

上海交通大学出版社
SHANGHAI JIAO TONG UNIVERSITY PRESS

图书在版编目（CIP）数据

想点大事 ： 法律是种思维方式 / 刘晗著 . -- 上海 ：
上海交通大学出版社 , 2020（2024 重印）
ISBN 978-7-313-22985-4

Ⅰ . ①想… Ⅱ . ①刘… Ⅲ . ①法律 - 思维科学 - 普及读物
Ⅳ . ① D90-059

中国版本图书馆 CIP 数据核字 (2020) 第 036584 号

想点大事：法律是种思维方式
XIANG DIAN DASHI：FALŪ SHI ZHONG SIWEI FANGSHI

著　　者：刘　晗
出版发行：上海交通大学出版社
邮政编码：200030
印　　制：上海盛通时代印刷有限公司
开　　本：880mm × 1230mm　1/32
字　　数：182 千字
版　　次：2020 年 5 月第 1 版
书　　号：ISBN 978-7-313-22985-4
定　　价：69.00 元

地　　址：上海市番禺路 951 号
电　　话：021-64071208
经　　销：全国新华书店
印　　张：9.25
印　　次：2024 年 4 月第 10 次印刷

— 前言 —

戴上法律的眼镜，看见更大的世界

记得前不久，我偶然在网上看到一个帖子。一位清华大学经济学专业的毕业生（后赴美攻读法律，现为网络知名人士），回顾了自己大学时印象最深的一门课。他说，那门课的老师上课时，“先把肚子搁在讲台上，然后开始口吐莲花。听着他的讲述，你仿佛亲眼看见杰斐逊瞪着办公桌上的羊皮纸大发雷霆、弗吉尼亚军事学院的学生在泥地里翻过铁丝网……”

看到这里，我哭笑不得：这不就是说我嘛。

发帖人还说，那位老师用颇为生动的方式，讲解法律案例，传授思维能力，自己深受影响，此后职业发展方向也发生了改变。

这一刻，距离我在清华上第一堂法律课，已经整整七年。必须声明，现在我已经没有肚子了。但学生略带调侃的回忆，却让我倍感欣慰。

或许，这就是一位法学教师最想达到的效果：让人不再把法律当成高高在上、烦琐枯燥的条文，而是当成有趣、有用的思维方式和人生体验。这样，无论是不是法学院的学生或法律人，都能够有所收获，不虚此行。

我自己在耶鲁大学法学院求学时，最崇敬的教授保罗·W. 卡恩（Paul W. Kahn），也一直试图从跨专业视野提炼法学学科和法律行业的思维精华。卡恩教授是我的博士生导师，也是对我影响至深的人。他的教诲，促使我不断探究法律体系的底层逻辑和深层结构：作为人类最古老的行业之一，作为社会终极责任的承担者，法律背后的“三观”是什么？作为很多国家的精英人士，法律人有哪些独特的“脑回路”，又开了哪些奇特的“脑洞”？这些问题不断萦绕在我的脑海中。

回国教书之后，面向不同专业的学生，我也未曾停止思索：除了培养专业律师、法务、法官和检察官，法律学科能给其他行业的人带来什么启示？在法条、程序、案件和学说背后，有哪些底层思维方式能够跨界移用？如果说每个人都能从法律中学到思考问题的方式，那究竟是什么？

这些问题，没有现成的答案。但多年探索之后，答案的轮廓逐渐浮现出来。那就是：超越自我，想得更大。

*

古罗马法谚曾言：“法律不管琐碎之事。”法律一般处理的是较大的社会问题，因此需要较大的思维格局。而大的思维格局，对每一个人处理问题都会有所裨益。

这一点在我们身处的时代尤为重要。社会急剧变化，技术日新月异，交往不断扩大——我们每个人都生活在一个比自己大得多的世界之中；每个人都需要面对超出自身感受的事件和趋势。远方的某个事情，瞬间影响近处；宏观的任何调整，立即波及微观。

可是，个人的视野注定有限。从本能出发，你我都会先关注眼前的个人得失和情感信念。我们因此会对“长传统”和“大人物”定下的规则、作出的决策，感到不解、困惑，甚至提出质疑。

然而，只要你想不断攀登，就不仅要直面更复杂的世界，也要拓展更宏大的视野。这个时候，向那些制定规则、作出决策的人学习大格局思维，就是一种必须。

多年的教书生涯中，我总是不断告诉学生，法律不只是一项专业的技能，也不只是一个职业的专利。法律是一种颇为独特而又普遍适用的思维方式。我想，法律思维的训练也能给你带来直接帮助。

其实，这并不只是我的个人体会。你所知道的很多人物，都是学法律出身：政治家有林肯、克林顿、曼德拉、甘地等，思想家有马克思、伏尔泰、莱布尼茨、笛卡尔、韦伯等，文学家有雨果、巴尔扎克、卡夫卡等，商界领袖则有沃尔玛前董事长罗布森·沃尔顿（Robson Walton）、石油大亨理查德·金德（Richard Kinder）、传媒巨子萨姆纳·雷德斯通（Sumner Redstone）、地产巨头理查德·勒弗拉克（Richard LeFrak）、阿里巴巴联合创始人及“隐英雄”蔡崇信等。到目前为止，美国历史上一半以上的总统和日本的23位首相都是学法律出身，中国也有越来越多的管理者出身法学专业。虽然他们中很多人并没有成为律师或法官，但也都接受过法律思维的训练。

遗憾的是，这套思维方式虽然由来已久，却一直没有以平易近人的方式展现给每一个人。无论是在中文世界，还是在英文世界，讨论法律思维的书一般都是面向专业读者，特别是法学院的新生。

然而，法律绝不只是一种实际的精明和专业的技术，还是一种实践的智慧和思维的方法。它不但可以训练工匠和专家，更能够塑造思想者和行动者。

因此，写这本书时，我吸收了法学、社会学、历史学、哲学等学科的理论和洞见，融合我所熟悉的国内外经典案例和法律现象。我在尝试用一套较为整全的体系，为你展示法律思维的底层逻辑。

需要说明的是，这本书展现的“法律思维”，更像是马克斯·韦伯（Max Weber）所说的“理想类型”，也就是从大量经验现象中抽象出来的基本思维模型。毫无疑问，任何抽象都会面临挂一漏万的可能，加之我在写作过程中也难免受到自身知识与能力的限制，因此，书中如有任何问题，或者可能引发误解之处，欢迎指正与交流。

同样，书中经常出现的“法律人”，除少数地方表示法律工作者之外，很多时候是指一个更大、更抽象的称谓。你可以理解为“拟人”：“法律人”指的是法律体系的设计者和定分止争的决定者，是“法律思维”这种“理想类型”的化身，是一个社会系统中不可或缺的“占位符”。“他 / 她”的思维方式与普通人有所不同。而我想尽我所能，为你呈现这种不同，以及能为你带来的潜在启示。至于“法律人”的思维好不好、合不合理，则取决于每一个人的价值观。

*

这本书不是普法教材，不会教你怎么处理具体的法律问题。它要带你去看具体问题的背后，有哪些通用的思考习惯和认知模式；它也不会告诉你某某行为是不是合法合规，而是引领你思考如何在复杂的格局中，寻找妥当而审慎的解决方案。

一句话，它让你代入法律人的视角，学习法律思维的底层智慧。

这些是我希望伴你同行的思考路径：在作决策的时候，怎么扩展视野、提升格局，怎么探索决策背后的种种价值张力和利益冲突；在寻找事实、评估风险的时候，如何冷静客观，不被个人情绪所裹挟，不被汹汹舆论所淹没，尽可能在明确事实的基础上进行选择，以及如何在事实不清的情况下作出判断；在制定规则的时候，如何理解规则本身的性格，并深入体察人性、历史、制度、文化、社会和经验，订立最不令人反感（而未必是最令人认同）的规矩；在使用规则解决问题的时候，如何综合原则与后果、一般与特殊，作出最不坏（而未必是最好）的决断。

一句话，法律思维会让你想点大事，而且把事情想大一些。运用法律思维是戴着镣铐跳舞，能帮你练习超脱具体纠缠的大思维，学习在约束之下破局的创造力。

*

学习法律思维，会在多个层面促进你的思维升级。它有助于你跳出被动的规则接受者格局，体会立法者和决策者面临的重重约束及其破局的深层思考。它会提醒你不仅要考虑当时当下，还要考虑过去未来；不仅要考虑单个事件的得失，更要考虑全局的长远利益；它会促使你去探寻大社会如何影响自己的发展，而不局限于自我的小宇宙。

如果你处理问题时，总是对眼前的利益冲突感到举棋不定，你就要考虑“预期思维”：不仅考量当下是否合理，还要去想十年二十年之后是否妥当。

如果你在为一个机构制定规则，就必须要考虑“常人标准”和“易遵守原则”，不能把标准定得太高，让人无法执行，否则不但无法解决问题，反倒会增加问题。

如果你在作判断，为事实不清的问题所困扰，你可以从法律“发现事实”的技巧中学到智慧，尽量减少对“真相”的依赖，作出“最不坏”的决定。

这就是法律人的思维训练：看起来离你很远，其实离你很近。

实际上，这本书脱胎于我在得到App上开设的“法律思维30讲”课程。在这篇前言落笔之时，该课程已有超过6万用户订阅。

我收到很多来自天涯海角的用户的留言。

一位用户手下的员工和主管闹矛盾，告到他这里。他没有先入为主，而是设定规则，让双方依次摆证据、讲道理。员工说话时，主管沉默；主管说话时，员工沉默。他居中倾听，不偏不倚。按照程序走下来，双方情绪逐渐平复很多，问题最后也得到了解决。这就是运用了“程序思维”。

一位用户的同事没买到节假日回家的车票，于是主管出于人性化考虑，同意这位同事买放假前一天下午的票，且不计入考勤。后来，每逢节假日，这个部门都有同事买前一天下午的票，跟主管请示提前走。这就是没有考虑“预期”和“规则的普遍性”。

一位用户说，每节课都让她体会到了法律人的“大局观”。

每当听到这样的诉说，我都感到振奋。我希望，更多的人能从法律思维的大局观中汲取可用的智慧。

孟德斯鸠在《论法的精神》中曾说：“法是源于客观事物性质的必然关系。”法律思维，能让你透过纷繁复杂的社会关系，发现规则、制定规则和使用规则。拥有法律思维，你会想得更大，想得更深，想得更长远。

笔耕许久，这是我最期待的果实。

目 录
CONTENTS

第一章 基本思维模型 001

凡事讲规则：善恶与秩序 003

凡事讲权利：对错与边界 014

凡事讲程序：正义与过程 024

凡事讲终局：正确与确定 034

凡事讲预期：个案与长远 044

凡事讲权威：权限与尊重 053

第二章 事实的发现与描述 065

发现事实：为什么说法律事实不是客观真相？ 067

构建事实：为什么说证据是一整套制度？ 075

加工事实：为什么没有脱离法律的事实？ 084

嵌套事实：为什么贴法律的标签很重要？ 092

第三章 规则的制定与使用 101

法律语言：为什么要刻意制造模糊？ 103

法律标准：为什么说有下限才有上限？ 113

规则的稳定性：为什么法律总是保守的？ 120

规则的普遍性：为什么法条经常“大而化之”？ 127

规则的例外：为什么说例外并不颠覆规则？ 136

规则的选择：为什么案件结果难以预测？ 144

CONTENTS

第四章　法律的推理与判断　153

后果主义：为什么比起结果，法律人更在意后果？　155

类比推理：为什么不进入传统就不能添加新物？　166

第五章　法律的发生　175

法律起源 1.0：为什么复仇会演变成法律？　177

法律演化 2.0：为什么国王不能直接审案？　185

法律演化 3.0：为什么说两大法系殊途同归？　192

国内法演化：为什么法律门类如此繁多？　201

国际法演化：国际法是法吗？　209

律师的演化：为什么更多律师不打官司？　217

第六章　法律与社会　227

司法的“产品”：判决书没写什么？　229

时间成本：为什么很多案子总是拖很久？　239

资源成本：诉讼费是不是越低越好？　248

开放的保守性：为什么会出现互联网法院？　257

高贵的消极性：为什么律所很少做广告？　267

注　释　276

后　记　283

第一章

基本思维模型

THINK BIG AND BEYOND YOURSELF

法律贯穿在我们的日常工作和生活中，掌握法律思维，不仅能使我们懂得如何权衡利弊，还能获得一种解决问题的高效工具。这一章我们先来看看纷繁复杂的现象和浩如烟海的法条背后，法律中最为基本的思维模型。

凡事讲规则：善恶与秩序

在讨论法律的基本思维模型前，我们必须先回答一个问题：法律的终极使命是什么？面对这个问题，很多人的第一反应可能是实现正义，保证公平，促进平等，保护人权，等等——这是一般人对法律使命的想象和期待。人们总是抱着种种理想观念走进法律世界，并据此对社会上出现的种种案件予以评判。

但在职业法律人眼中，在很多法官、检察官、律师和法学家看来，上述目标自然要追求，但却不是法律的终极使命。**法律的终极使命是维护社会秩序。**古罗马有一句谚语，叫作“有社会，就有法律”，意思也可以反过来——有法律，才有社会，才有社会的正常运转。只有社会稳定了，其他的价值和期待才有可能得以实现。

法律规定了生活在社会中的公民可以做什么，不可以做什么。这些必须遵守的底线行为规范，正是为了保证整个社会能够在某种秩序下存续和运转，每个社会成员都能在良好的公共环境里追求自我实现。

人类对秩序的需求比想象中大得多

或许有人会质疑：秩序真有那么重要吗？

我们生活在比较安定的环境里，长时间没有经历战乱、饥荒等灾祸，已经习惯了秩序存在的状态。但请想象一下，如果有一天，社会秩序完全消失，世界会变成什么样子。

估计大多数人都不敢出门了，因为每天都要守着家人、房子、钱财，不被别人抢去。万一真的被抢走了，就得用更凶残的方式才能抢回来。一来二去，人和人之间就只剩下你争我夺、打打杀杀了，谁还会去上班？谁还会去从事正常的生产和劳动？生产和劳动都停止了，社会分工、协作关系自然也就消失了。

早在17世纪，英国哲学家托马斯·霍布斯（Thomas Hobbes）在他的名著《利维坦》（*Leviathan*）中就曾描述过在完全没有秩序、人人互相为敌的“自然状态”下，人类生活的悲惨处境：

“在这种状况下，产业是无法存在的，因为其成果不稳定。这样一来，举凡土地的栽培、航海、外洋进口商品的运用、舒适的建筑、移动与卸除须费巨大力量的物体的工具、地貌的知识、时间的记载、文艺、文学、社会等等都将不存在。最糟糕的是人们不断处于暴力死亡的恐惧和危险中，人的生活孤独、贫困、卑污、残忍而短寿。”[1]

如果没有稳定的秩序，人们就会丧失对生活的稳定预期，整日忙于应付各种混乱和突如其来的变化，无法进行生产的增值、知识的积累和文化的创造。长此以往，人类文明的进步就无从谈起了。

可见，秩序对人类社会的重要性再怎么强调都不为过。

最糟糕的秩序也好过没秩序

对秩序的强调还体现在，法律人认为，即便是最糟糕的秩序，也好过没秩序。什么意思呢？

假设有两个村庄：一个被残酷的黑帮统管，他们对村民征收极其繁重的保护费，还定下了极为严苛的规矩，如果有人胆敢偷盗，立即砍掉手脚；如果有人杀人，则处死全家；等等。而另一个村庄既没有政府，也没有组织，人们有最大限度的自由，可以为所欲为，不用承担任何责任。请问，你会选择在哪个村庄中生活？

看了前文的介绍，估计大部分人即使犹豫一下，也还是会选择那个被黑帮统管的村庄。毕竟，没有稳定的秩序，人们就无法正常生活。前一个村庄看似难以忍受，但只要守规矩，好歹还能保住身家性命。后一个村庄看似无限自由，但也意味着人人都可以杀人放火，没有人敢保证自己下一秒还能活命，还能保住自己的财产。中国有句古话叫“宁为太平犬，不为乱世人”，说的就是这个意思。

如果追根溯源，我们会发现，人类对秩序的强烈需求，具有某种心理学上的原因。虽然人们也喜欢变化和新鲜感，并且经常推崇创新，但在心理的更深层次上，却对安定性、稳定性和一致性有着巨大的需求。心理学家亚伯拉罕·马斯洛（Abraham Maslow）曾经在他的名著《动机与人格》（*Motivation and Personality*）中写道：“我们社会中的儿童和成年人一般都喜欢一个安全的、有序的、可预见的、合法的和有组织的世界：这种世界是他所能指望的，在这种世界里，出乎意料的、难以控制的、混乱的以及其他诸如此类的危险事情都不会发生……”[2]

换句话说，人们的确喜欢在循规蹈矩的生活中加点新鲜感，但如果时时刻刻都是新鲜感，以至难以控制，那也是无法忍受的。和平与秩序，才是人类生活的底色。

规则是维护秩序的核心

既然秩序对于人类如此重要，那么怎样才能有效地维护秩序呢？其实，无论是道德、伦理还是习俗，都能起到维护社会秩序的作用，未必需要正式的法律制度。相比之下，法律有何独特之处呢？

我们知道，法律是一套用于维护社会秩序的、强制性的规则体系。这是法律区别于道德、伦理和习俗的重要因素。我们经常看见，某项法律规则一旦制定出来，即使有人不想做某件事，规则也会强迫他做。每个社会成员都必须服从对应的强制性规则，否则就会受到法律的制裁。比如，一旦一个社会制定了法律法规，禁止人们在公共场合吸烟，烟民哪怕再心不甘情不愿，也必须遵守这个规则，否则就得承担法律责任。

因此，在法律人眼中，规则就是核心，遵守规则就是行事思考的第一重要原则。凡事讲规则是一种特定的思维方式。很多人可能觉得：这并没有什么特别的，就连幼儿园的小朋友也知道要遵守规则，按时吃饭、按时睡觉、听老师的话。你要说这是法律人的特定思维方式，那它究竟特殊在哪里呢？

这恰恰是最有意思的地方。所谓“凡事讲规则”，是指法律人头脑里的规则意识非常强烈，以至构成一种执念：即使一个规则看上去很不合理，甚至站在普通人的视角会觉得它很邪恶，法律人也会遵守，而不会以规则本身的善恶来选择是否适用。

这一点可能会让很多人不解，学术领域对此也有过很大的争论。但无论学术上如何争论，在真实世界中具体负责执法和司法的法律人也会将“恶法”当成法，一视同仁地遵守和执行。在他们看来，不合理的规则也是规则，不合理的判决也必须服从，不能以法律邪恶或者判决不合理为由而拒不执行。

举个例子，《中华人民共和国刑法》（简称《刑法》）在 1997 年修订后，规定了“嫖宿幼女罪”这一罪名。简单来说，如果男性嫖宿不满 14 周岁的女性，应以犯罪论处，即便女性同意发生性行为。这个罪名长期以来饱受争议，反对者认为它是典型的“恶法”。比如，法学界普遍认为，该罪名将自愿行为视作犯罪，过于严重了；而且为受害的幼女贴上了卖淫的标签，也是一种羞辱。最终，该罪名于 2015 年被废除。

但是，在 1997 年到 2015 年的 18 年内，如果发生了相关的犯罪行为，法官却不能以这条法律是恶法为由，不适用这条法律，否则就会有枉法裁判的嫌疑。对于法官来说，只要他 / 她承担裁判者的制度角色，就必须依据现行法律判案。如果他 / 她根据个人的道德信仰选择性地适用法律，就会对整个法律体系的权威性和有效性造成极大危害。

斯托里的故事

很多人可能知道，在美国，美国联邦最高法院（简称“美国最高法院”）是可以在个案中宣判某条甚至某部法律因为违反宪法而无效的。那么在这种情况下，是不是就没有“恶法亦法”的问题呢？

为了回答这个问题，我们先来看一个真实的历史故事。美国内战发生之前，南方各州和北方各州分而治之，南方是奴隶州，北方是自由州。当时，美国最高法院有位大法官叫约瑟夫・斯托里（Joseph Story）。作为一个北方人，他极具正义感，向来主张民主，尤其信仰废奴主义。1842 年，斯托里大法官接到一个案子（*Prigg v. Pennsylvania*）[3]，这个案子严重地冲击了他的价值观。

案情是这样的：一名女性黑奴从南方摆脱了奴隶主的管制，逃到了北方的宾夕法尼亚州。根据宾夕法尼亚州的法律，黑奴一旦到了该州，立即就变成自由人，不再是奴隶身份，因为该州是废奴州。但是南方的奴隶主却赶过来要把她抓回去，让她继续当牛做马，依照宾夕法尼亚州的法律，该奴隶主被判处了绑架罪。奴隶主不服，一直上诉到了美国最高法院，案件到了斯托里大法官的手中。

奴隶主的理由非常强硬：我对这个黑奴拥有财产权，这种权利是受美国法律保护的，如果奴隶变成了自由人，那就意味着我丧失了一笔财产。此外，我抓回奴隶是有法律依据的——美国联邦国会制定的《逃奴法案》（Fugitive Slave Act of 1793）允许奴隶主把逃奴抓回去。

可想而知，斯托里大法官这时就面临法律规则和内心道德之间的冲突。作为一个极具正义感的人，他是不是可以遵从自己内心的道德进行选择呢？而且需要交代的是，他完全可以这么做，因为根据《美国宪法》的规定，大法官是有权宣布一部法律无效的。

可结果是他并没有这么做。斯托里大法官站在了几位南方出身的大法官一边，最终宣判联邦政府的《逃奴法案》有效，奴隶主有权抓回这个逃奴。

为什么他不听从内心的道德观念，去宣扬种族平等和正义呢？斯托里大法官在判决书中说，《逃奴法案》虽然看起来非常邪恶，但它却符合一个更大的宪法原则，那就是维护联邦统一，防止国家分崩离析。如果美国最高法院宣布《逃奴法案》无效，当时南北双方可能就打内战了，整个社会秩序也就荡然无存。

在斯托里所代表的法律人看来，维护国家最基本的秩序是法律的终极使命，比彰显个人的内心道德重要得多。

斯托里的选择就是法律人规则意识的典型体现。

苏格拉底的故事

在恪守规则这件事上，法律人就是这么执着。早在古希腊时期，有个人做得比斯托里更极致，他还不是职业法律人，这个人就是著名哲学家苏格拉底。

作为一位探究真理的哲学家，苏格拉底经常与年轻人讨论社会问题和哲学问题，甚至公开挑战雅典的社会习俗和公共信仰，因此冒犯了整个雅典社会。随后他被控亵渎神明、败坏青年等一系列罪名，最终被雅典的陪审团判处死刑。

而在苏格拉底等待死刑执行期间，他的朋友克力同买通了监狱主管，想帮他越狱逃生。这是个不可多得的机会，苏格拉底却断然拒绝了。

为什么要拒绝呢？苏格拉底说：“整个审判是完全依据雅典法律程序进行的，因此判决具有法律效力。即使我不同意这个判决，也得服从。本来这个判决在我们看来就已经错了，给法律造成了伤害；如果我逃跑了，会对法律造成更大的伤害。如果人人都这样，法律的权威就会荡然无存，整个社会秩序也会随之解体。”[4]

苏格拉底把自己面对这场死刑的态度总结为一句话，“守法即正义”。到了后世，德国著名法学家古斯塔夫·拉德布鲁赫（Gustav Radbruch）对苏格拉底的思想进行了更专业、更精确的表述：法律的安定性优先于正义性[5]。这就是站在更大格局上思考和维护社会秩序的人考虑问题的思维方式。

恶法的相对性

看到这里，很多人可能会想：难道不应该先保证事情的正义性、保证苏格拉底活下来，再扳倒恶法吗？法律人竟然只管规则，不管善恶，不顾死活，也太教条主义了吧。

这个想法放在法律人面前，又是一个有意思的问题。他们可能会反问一句：真的有“恶法”这种东西存在吗？

在法律人的眼里，在具体的执法和司法过程中，讨论法律的善恶其实没有太大意义，因为这不是在寻求某种客观事实，而是要作一种价值判断。善恶的标准经常是“公说公有理，婆说婆有理”，很难找到一种客观统一的答案。而法律规则相对而言则更具有确定性。如果以善恶为由来否定法律，那么任何一条法律都有可能被怀疑，甚至被挑战。

比如，当今世界上很多国家的法律都禁止安乐死。对不少人来说，这种禁止性的规则非常不符合人道主义精神，也违背了人的自由意志原则：既然病人已经垂死挣扎、生不如死，自己也同意结束生命，为什么法律不能让医生打一针，帮他彻底解脱呢？

这时，我们必须换个角度考虑这个问题。一旦法律开了口子，就很容易把安乐死变成合法杀人的借口。如果医生或者患者家属滥用安乐死，以此为由随意结束患者的生命，那么“允许安乐死”是不是又变成了一条“恶法”呢？

“希望允许安乐死”这个想法背后的价值观，是尊重个人的自由意志和自主选择；“希望禁止安乐死”这个想法背后的价值观，是尊重生命（权），防止合法的杀人。这两种想法在安乐死这件事上发生了价值冲突。从抽象层面来看，它们之间没有绝对的正确和错误，也很难一时间争论明白。

我们必须清楚，现代社会中的价值观非常多元，在很多问题上很难形成统一的善恶标准和价值共识。人们说某部法律或某个法条是恶法，可能只是因为它们没有契合某一部分人的价值观，但却契合了另一部分人的价值观。对于法律人来说，此时无法选择任何一种价值观来否定现存的法律规则，只能不去做过多的道德考量，直接适用既定的规则。

如何反制

那这是不是说法律的世界就是保守僵化，甚至暗无天日的，而法律人必须甘心接受现存所有法律的僵硬约束呢？即便绝大多数人觉得它不合理，或者过于陈旧，法律人仍然要墨守成规吗？

倒也不是。法律体系并非一套铁的牢笼，它为规则的具体执行者保留了一些柔性的应变通道。美国著名法学家罗斯科·庞德（Roscoe Pound）有一句名言，“法律必须是稳定的，但不可一成不变”[6]，说的就是这个意思。

具体采取什么方式来变通呢？

首先，最根本的一个办法是按照规则修改法律。也就是说，关于修改法律的规则，也是整个法律规则体系的一部分，任何一部法律都可以由立法机关按照法律规定的程序来修改，甚至连宪法这样的根本大法也都规定了修改程序，只要符合程序就可以修改。比如，《美国宪法》规定，只要经过国会三分之二以上议员或者三分之二以上州议会提出，再经过四分之三以上州议会或者州制宪会议批准，就可以通过宪法修正案。

其次，在一些比较短期的情况下，如果来不及推动法律修改，也可以在同一种规则下变通对规则的解释。法官在具体适用法律规则的时候，有一定的自由裁量权和变通解释空间。具体如何运用法律解释来柔化法律规则的僵硬性，我在后文会详细介绍。

但我们必须记住的是，无论采取何种变通措施，法律思维都要求在规则之内去调整规则，而不是跳到规则体系之外突破规则。凡事讲规则，仍然是核心和底线。

凡事讲权利：对错与边界

法律的终极使命是维护社会秩序，有了秩序，社会才能正常运转。那么对于人类来说，除了自然灾害或者其他不可控制的因素之外，对社会秩序影响最大的是什么呢？答案是：人与人之间的纠纷。比如，两位同事在一家公司里发生冲突，大打出手，这势必会对公司的秩序产生冲击，甚至会干扰公司的正常运行。两个人之间的纠纷如此，两家人、两个组织甚至两个群体之间发生的纠纷就更是如此了，它们会对社会秩序产生严重的影响。

因此，法律要维护社会秩序，就必须妥当地解决这些纠纷。那么法律解决纠纷依据的标准是什么呢？普通人的第一反应可能是——是非对错的标准。

按照这种看法，人们把问题提交给法庭，就是为了找法官评评理，判定出谁对谁错。

但在专业法律人眼中，用法律处理纠纷时，并不评判是非对错，而是提供一个将道德争议转化为法律问题的平台——在这个平台上，人们能把价值冲突转化为法律权利之间的冲突和平衡问题。可以说，**比起对错，法律更关心双方都具有哪些权利。**

举一个真实的例子。在美国，堕胎是否应该合法化，一直是道德讨论和政治斗争中争议不断的问题，甚至每一次总统选举都要辩论这个问题，以检验总统候选人的道德和政治立场。美国的自由主义者，特别是女性主义者，主张女性的个人自由和自主选择权，因而支持堕胎合法化。而保守主义者，特别是基督教团体，却认为堕胎是邪恶的，是杀人，因此应该被法律严格禁止。这两种观点争得不可开交。

如果这个问题提交到法院，法院会如何解决呢？

1973年，美国最高法院在著名的罗伊诉韦德案（*Roe v. Wade*）[7]中，就对这个问题进行了回应，它把有关堕胎的道德争论转化成了两种法律权利——女性的身体隐私权与胎儿的生命权之间的平衡问题。具体来说，就是把“女性个人自由”这个主张转化成女性的身体隐私权，把“堕胎就是杀人”这个观点转化成关于胎儿生命权的问题。

在平衡了这两种权利之后，美国最高法院最终宣判：在怀孕的前三个月，女性和她的医生具有完全自主的堕胎权，政府不得干涉；在中间三个月，政府可以以保护孕妇健康为由管制堕胎程序，比如只允许具有执业资格的医生做手术；在最后三个月，胎儿已经成形，为了尊重胎儿的生命权，政府可以通过法律对堕胎手术进行管制，甚至禁止堕胎。

由此看来，我们普通人解决纠纷的标准，可能是道德、习俗或某种价值观，但法律人用的却是“权利思维”。**法律人不能根据自己的道德直觉来判断谁是谁非，而是要去细致地考察，法律法规究竟给当事人预先设定了何种行动的资格和自由。**简言之，解决纠纷的标准并非道德上的对错或是非，而是权利的有无和大小。

生活中这样的例子也非常多。在阳光充足的时候，经常有老人在小区花园里晒被子。老人一晒被子，物业就会出来制止，争议由此产生。晒被子的业主自然不服气，会说：“我晒被子是为了杀菌消毒，家人更健康，怎么就不对了，凭什么要禁止？”物业或旁边的居民就会说：“在小区里晒被子是陋习，影响社区美观。”双方争执不已。

如果从法律人的角度来看，应该怎么解决这个冲突呢？他们不会先考虑晒被子是不是陋习，是不是美观，而是会问：业主有没有将小区公共空间为自己所用的单方权利？这么一问，即使一个人不了解《中华人民共和国物权法》（简称《物权法》）的相关规定，也大概能够猜到：小区公共空间是所有业主共有的，单个业主如果要晒被子，要征得全体业主同意才行；一旦有业主提出反对，就意味着此项行为并未获得全体业主同意，而物业公司作为全体业主委托的管理机构，自然有权利禁止。因此，争议的解决方案与法律上的权利结构有关，而与家人健康或者小区美观无关。

其实，2019 年 6 月，西安未央区就发生过一起真实的晒被子纠纷，是晒被子的业主状告物业公司。最终，未央区法院法官判定，晒被子的业主败诉。其法律依据就是《物权法》第 70 条的规定："业主对建筑物内的住宅、经营性用房等专有部分享有所有权，对专有部分以外的共有部分享有共有和共同管理的权利。"法官认为，这个规定可以解释为：小区绿地是全体业主共同享有的公共场所；业主如若试图使用公共场所从事晾晒行为，需经全体业主同意。换句话说，单个业主并没有随意使用公共空间进行晾晒行为的法律权利。

道德权利未必是法律权利

或许有人会说，这种以权利来处理问题的方式并不新鲜，生活中，各种各样的权利随处可见，甚至还经常有人拿权利来说事儿。

但需要注意的是，用权利话语来说事儿，未必就是权利思维，因为所谓的权利有可能仍然是一种道德思维，只不过变换了一种表述方式而已。

2002 年，江西省南丰县法院审理了一个探视权案件，案情简单来说就是：一对夫妻离婚后，法院把孩子判给了女方抚养，而男方可以每周探望孩子一次。孩子的爷爷奶奶十分想念孙子，所以虽然儿子离了婚，也会经常去看孩子。

一开始，这种关系还挺融洽的，毕竟有骨肉亲情。但是后来，爷爷奶奶经常不打招呼就把孩子从幼儿园接走，这让孩子的妈妈十分担忧。于是，妈妈就跟幼儿园约法三章："在没有我明确同意和授权的情况下，谁也不能把孩子接走。"

等爷爷奶奶再来接孩子的时候，就吃了闭门羹。老两口对前儿媳的做法非常不满，于是就施加道德压力，说前儿媳没人性，不让祖孙相见。这种说法当然让孩子的妈妈很不愉快，两边的关系迅速恶化，最终反目成仇。妈妈一纸文书，把爷爷奶奶告上了法庭，禁止他们再来看孩子，并要求赔礼道歉。

爷爷奶奶非常震惊，觉得这违背了自己内心的是非对错标准。在庭审现场，他们泪流满面地哭诉："爷爷奶奶看望孙子自古天经地义。不让我们看孙子，还有没有人性？！还有没有王法？！"

但最终，法院判爷爷奶奶败诉，他们不仅不能再去看孩子，还得向孩子的妈妈赔礼道歉。法院这么判的理由是什么呢？

从道德或习俗的层面来讲，爷爷奶奶肯定可以去看望自己的亲孙子，但是从严格的法律层面来讲，爷爷奶奶却没有单方面的探视权。因为关于"离婚后的子女探望"，《中华人民共和国婚姻法》(简称《婚姻法》) 第 38 条第 1 款规定："离婚后，不直接抚养子女的父或母，有探望子女的权利，另一方有协助的义务。"也就是说，夫妻离婚以后，只有不直接抚养子女的一方有探视权，其他人，哪怕是爷爷奶奶、外公外婆一般情况下都没有单方面的探视权。

所以，判案的法官后来在接受媒体采访时也表示，这个判决看起来有点儿不近情理，有悖于普通人的常识，然而法律就是法律，没有任何变通余地。在法律里，道德权利不等于法律权利，只有受到法律明确承认的道德主张才是法律权利。更重要的是，只有**法律权利才是解决纠纷的真正标准；如果法官不依据法律，而是依据道德标准来判案，那就是枉法。**

更进一步，我们也可以发现，即使在道德上已经被完全否定的人，其法律权利也没有完全丧失，法律仍然要尊重他依法享有的权利。比如，《中华人民共和国刑事诉讼法》（简称《刑事诉讼法》）第 263 条第 5 款规定："执行死刑应当公布，不应示众。"这一规定就是在尊重死刑犯的人权。死刑犯虽然被剥夺了生命权和政治权利，但仍然享有其他人格权利，法律和社会必须予以尊重，不能让他们遭受公开的唾弃和侮辱。

权利就是确立边界，定分止争

实际上，法律之所以不采取道德评判，而是只讲权利，背后还有一个深层原因。这个原因就是，道德权利往往是没有边界感的，人们常常会根据自己心里天经地义的道德感或者价值观，直接突破人与人之间的界限。比如前文探视权案子里的爷爷奶奶，他们觉得看孙子是自己天经地义的权利，所以经常不顾及孩子妈妈的感受，也不顾及法律已经确定好的人际行为边界而任意行事，造成了双方之间的不愉快局面。

法律中的权利，简单来说，就是要通过强制性的规则来确定人际关系的法定边界。比如，我们熟悉的法律中的财产权、债权、著作权等权利，它们本质上都是在确立边界，确定“这是我的，那是你的”。而很多时候人们把道德观念用权利话语进行包装，其实是为了突破各种法定边界，比如“看望孙子的权利”自然就是为了突破法律所设定的家庭边界。

法律界有一本非常权威的词典叫《布莱克法律词典》(*Black's Law Dictionary*)。它的第九版对“权利”给出了一个定义：

“权利是一种法律上可以强制实施的主张，一旦有人提出了这种主张，其他人将会作出或不作出特定的行为……”(“A legally enforceable claim that another will do or will not do a given act...”)[8]

按照这个定义，权利就是法律赋予人的一种主张，一旦你提出了这种主张，别人就得按照这个主张行动，而且你的这种主张是可以通过公权力——比如法院或者警察——来强制执行的。

在中国古代历史上，法家也是按照这种方式来界定法律的。在法家看来，法律的作用是“定分止争”，也就是说，法律是在确认权利，划定产权，以此来停止争夺。

比如，商鞅曾经举了一个例子。他说：“一兔走，百人逐之，非以兔可分以为百，由名分之未定也。夫卖兔者满市，而盗不敢取，由名分已定也。故名分未定，尧、舜、禹、汤且皆如骛焉而逐之；名分已定，贪盗不取。……名分定，则大诈贞信，巨盗愿悫，而各自治也。故夫名分定，势治之道也；名分不定，势乱之道也。”[9]

简单来说就是：野地里的兔子，哪怕是道德高尚的圣人都会去抢，因为它的产权没有被划定。但市场里的兔子，哪怕是道德低劣的小偷也不去抢，因为它的产权已经被划定了。

同理，在前文探视权的案子中，只有妈妈对孩子有直接抚养权，她同意后，别人才能来探视。她不同意，无论其他人怎么评价她，都不会改变法院处理的结果。

用技术化的权利语言解决价值冲突

必须说明的是，法律人的权利思维并不是故作高明或故弄玄虚，而是“不得已而为之”。因为法律要定分止争，就必须找到一个可以技术化操作的办法。

对于这一点，我有深切的个人体会。虽然我曾在国内接受过法律的科班训练，但也是到了美国读书之后，才彻底明白权利思维到底意味着什么。在耶鲁大学法学院读书时，我发现我的同学中有天主教徒，有同性恋，有泰国人，也有巴西人——大家形形色色，各不相同，在价值观上基本不可能达成完全一致。但由于每个人都有很好的边界意识，并在此基础上互相尊重，大家相处得很融洽。

其实不只是美国，当代中国社会的三观也越来越多元了。就连父母和子女之间，观点都可能完全不同，特别是在涉及人生观和生活选择的问题上冲突更大。比如很多白领过年回家会非常反感父母逼婚，两代人的婚姻家庭观念已经判若云泥。关于现代社会价值的多元性，德国著名社会学家马克斯·韦伯曾经有过一个著名的说法——“诸神之争”（多元价值相互冲突）。换言之，人们的三观差异越来越大，各有所依。

在价值观如此多元、冲突如此普遍的情况下，法律的使命就是用权利思维划定人们行为的边界，从而预防和化解纠纷。**在法律人眼中，权利不是一种基于个人信仰的道德口号，而是一种价值中立的专业语言。**

为什么必须如此呢？原因在于，在具体纠纷中，裁判者不可能以双方任何一方的道德观念作为裁判依据，否则就会变成偏向其中一方，而另一方会觉得受到了不公的待遇，纠纷就没法得到真正的解决。在“公说公有理，婆说婆有理”的纠纷之中，必须转而采用一种尽量无涉价值的技术语言。也就是说，裁判者只能将双方根据其道德观念提出的诉求，“翻译”成法律里可以识别的各种权利，并根据法律技术进行处理：双方的诉求在法律里是否可以找到对应的权利（如探视权案中，爷爷奶奶主张看孙子的自由在法律里是否有对应的权利）；如果都能找到对应的权利，且两种权利有平衡的空间，该如何划定边界（堕胎案是最典型的例子）；等等。**在双方各执一词的情况下，只有价值中立的权利语言，才能让裁判者从法律技术的角度，而不是从道德立场选边站队的角度，尽量理性、客观、中立地处理纠纷。只有这样，法律才能在价值多元的情况下去解决冲突。**

从另外一个角度来说，这也是职业法律人要用法言法语、法律专业术语那么多的原因——避免日常话语带来的情绪化影响纠纷的公正解决。例如，普通人在看审判的时候，经常会说“罪犯”这个词，而专业法律人对“罪犯”的划分会更为精细，在侦查阶段叫“犯罪嫌疑人”，在审判阶段叫“被告人”。要知道，这种“繁文缛节”不仅是为了表述精确，便于警察、检察官和法官之间的专业内部交流，更重要的是，它可以避免日常语言的情绪化和道德化倾向。

普通人之所以直接叫“罪犯”，是因为已经有预判、有倾向，也就是认定犯罪嫌疑人、被告人已经犯罪了。但是价值中立的“犯罪嫌疑人”“被告人”所表达的意思是，究竟他 / 她是否有罪，处于待定状态，他 / 她既可能被无罪释放，也可能被判有罪。因此，在法院正式宣判有罪之前，都不能叫“罪犯”。

实际上，我们在人际冲突的语境中交流时会发现，日常语言容易带有明显的褒贬意味，甚至存在道德攻击的可能。根据个人的道德直觉进行评判，很容易陷入情绪化的争吵。而法律使用“法言法语”，就是要把情绪化的争吵尽量导向理性化的讨论。只有这样，问题才有可能有序地得到解决。

在价值越来越多元的现代社会中，人们很难达成共识，这是我们必须面对的现实。而用技术化的权利语言来解决价值冲突，就是法律人提供给这个社会的独特应对方法。

凡事讲程序：正义与过程

法律通过规则和权利来维护秩序、解决纠纷，规范人们的行为。

但在很多疑难纠纷中，这一模式会遇到挑战，因为纸面上的规则可能很模糊，双方都能找到自己享有的权利，甚至对案件事实也各有说法。在这种情况下，法律该如何解决纠纷，并使案件双方都能接受裁判的结果呢？

答案是：依靠程序。在司法领域中，程序指的是为了落实法律规则中的各种规定，以及保护人们的各种权利而设计、执行的一系列附属规则，包含步骤、流程、方式、手续等。人们去法院打官司，都要经历一套复杂的程序。

法律可能是各行各业中最强调程序的，甚至将程序本身视作一种价值加以推崇。你可能听过法学上的一个概念——“程序正义”，也叫“看得见的正义”。它源于一句西文法律格言：“正义不仅应得到实现，而且要以人们看得见的方式加以实现。”（“Justice must be done and seen to be done.”）

也就是说，法院作出的判决，不但要追求结果的正义性，更要确保审判过程是公正、公开、按照正当程序完成的。甚至即便结果存在争议，也要把程序做足、做好。

在这个方面，英美法系的经典案例辛普森案常常为人津津乐道。1994 年，美国洛杉矶发生了一起恶性凶杀案，两名白人倒在血泊之中。警察勘查现场后发现，所有证据都指向美国黑人橄榄球明星辛普森（O. J. Simpson），以至几乎所有人都相信他就是杀人凶手。但是，经过起诉、预审、挑选陪审团、法庭辩论、出示证据、交叉盘问、陪审团审议等司法程序之后，陪审团却宣告辛普森无罪。这一结果自然出人意料，但整个案件的司法程序无懈可击。所以法律人经常说，辛普森案的结果也许不符合实质正义，却维护了程序正义。

但从另一个角度来看，法律坚持程序所付出的成本是巨大的。首先是时间成本。辛普森案光是审判过程就持续了 11 个月，很多其他案件还要经历漫长的上诉过程，一打就是好几年。其次是社会资源成本。据统计，辛普森案耗费了控辩双方以及法庭将近 2000 万美元的费用；更令人痛心的是，即便付出了如此高昂的成本，真正的凶手——无论是不是辛普森——至今还没有归案。

读到这里，你可能会心生疑窦：如果一种制度要耗费高昂的成本，还未必能达到想要的结果，它还有那么重要的意义吗？

我的答案是“有意义”。因为无论法律程序成本多高，它所秉持的一些本质特征依然存在，并且这些本质特征直接决定了法律和司法体系的运作基础是否牢靠。关于程序所秉持的本质特征，我们可以通过以下三点来理解。

确定中立的裁判者

首先，程序的本质是通过制度设计，确定司法审判的枢纽——中立的裁判者。

当纠纷双方协商不成，选择对簿公堂时，原本的二元对立关系里就引入了一个正式的第三方——法官，以及法官所代表的司法系统。纠纷的双方模式由此变为纠纷解决的三方模式。

但这个三方模式本身极为脆弱。如果第三方有所偏向，或者被一方当事人收买，整个局面就会立即变成两方联手对付另外一方，三方关系随即回到二元对立。这样一来，纠纷非但得不到解决，反而会进一步恶化。

那么法律如何通过制度设计来解决这个问题呢？

终极办法就是，通过某种机制确保第三方裁判者是没有相关利益、对案件一无所知、对当事人没有偏向的陌生人。而程序的最本质作用，就是通过各种各样的“繁文缛节”来努力实现这一点。

耶鲁大学法学院已故的著名程序法教授罗伯特·M. 科弗

（Robert M. Cover）在其经典法学教材《程序》（*Procedure*）一书中，曾经讲过一个正义女神的神话故事：

天庭上众神之间冲突不断，马上就要天下大乱。该由谁来裁判纠纷，恢复秩序呢？年轻的小伙子容易受到仙女诱惑，年长的人则明哲保身，不敢面对强权仗义执言，找来找去也找不到称职的人选。这个时候，一位身着白袍、头戴金冠的女神挺身而出，她拿出一块布，蒙在自己的眼睛上，说："我来！"于是，大家都同意了。因为她蒙住了眼睛，看不见纠纷双方的样子和身份，就能够秉公裁断。

所以，科弗教授说了一句名言："程序，就是正义女神的蒙眼布。"[10]

为了发挥这块蒙眼布的作用，现实中的法律人想尽各种办法保证中立性。比如回避制度。我国《刑事诉讼法》第 29 条规定，如果审案的法官与案件当事人之间有亲属关系或者利益牵涉，或者曾经担任过本案证人、鉴定人、辩护人或者诉讼代理人的，就应该主动回避，当事人也有权利要求他们回避。

在某些重大敏感案件中，法院选择法官时还会有特殊考虑，以保证审判的中立性。比如在前文提到的辛普森案中，辛普森是黑人，而被害人是两个白人，这就涉及种族关系这一敏感问题，所以司法系统专门派了一位日本裔法官伊藤来主持审判。这些程序设计统统都是为了保证公正能以看得见的方式实现。

类似的程序设计甚至会体现在一些细节之中。就拿法袍来说，从2000年开始，我国法官换掉了之前戴着肩章和大檐帽的制服，穿上了黑色法袍。部分原因在于，老式制服看起来和警察很像，容易让人感觉法官是警察的盟友，有不中立之嫌。

由此可见，中立的裁判者是法律程序中的重要枢纽。不管程序怎么简化、双方怎么选择，都不能抽掉中立裁判者这根顶梁柱，否则整个司法体系就会崩塌。

限制强势方，帮助弱势方

法国哲学家卢梭（Rousseau）曾在《社会契约论》中指出，“自然趋向于使人不平等，法律趋向于使人平等。”[11] 要想真正解决纠纷，仅有中立的第三方远远不够。程序的设计还必须做到另外一点：一旦双方实力处于明显而天然的不对等状态，就要限制强势方，帮助弱势方。这一点在刑事诉讼中最为显著。

那么，谁是强势方呢？在刑事案件中，公权力机关当然是强势一方，它们掌握国家机器，动用公共资源来追究犯罪嫌疑人的责任。一般来说，在这些机构面前，单个的犯罪嫌疑人或者被告人是极为弱小的，他/她要独自面对警察、法医、检察官等一众国家工作人员，力量对比悬殊。所以，程序公正首先要限制强势一方。

比如，刑事程序中的证据排除规则就是这样。对于控方提交的证据，法官要以近乎挑剔的目光进行审查，如果不符合法律规定，就不允许进入法庭成为定案的依据。无论是在美国还是我国，如果某份口供是控方通过刑讯逼供获得的，一般来说都会在庭审过程中被排除，不能作为定罪的依据。

当然，除了限制强势方，程序还得帮助弱势方。现代刑事诉讼法里的很多规则，其实都是在帮助被告人对抗公诉一方。

比如我们经常在一些律政剧中看到，警察在逮捕犯罪嫌疑人之前都要说一句："你有权保持沉默。你所说的一切都将成为呈堂证供。"很多人不知道，这只是第一句，还有一句是："你有权在警察询问之前请一位律师。如果你付不起律师费的话，只要你愿意我们可以在询问之前给你请一位。"也就是说，执法人员要明确地告诉弱势方：你可以找律师帮助自己。

再比如，我国《刑事诉讼法》第 9 条第 1 款规定："人民法院、人民检察院和公安机关对于不通晓当地通用的语言文字的诉讼参与人，应当为他们翻译。"这就是为了保证那些在审判当地处于语言弱势地位的人，能够获得公正的审判。

总而言之，这些程序性的规定都是要表明，法院不是与公安机关和检察院一起对付犯罪嫌疑人和被告人。相反，法院是一个中立者，它对公权力机关的要求更严格，而对犯罪嫌疑人和被告人提供额外的保护，以确保控辩双方在法律面前实现平等对话。

程序追求的不仅是结果正确，还有判决的可接受性

在司法审判中，中立的裁判者还要面临一个巨大的挑战：程序正义和实质正义之间的冲突。具体而言，在复杂多元的社会中，

即使做到了前面所说的一切，人们还是很难达成实质正义上的共识，经常出现“公说公有理，婆说婆有理”的情况，以至案件处理结果经常与常识相悖，引起重大争议。

比如前文提及的辛普森案就常常被看作程序正义与实质正义相悖的典型案例。在法律人看来，程序的首要目的不是做到结果绝对正确，而是保证公平参与，听取各方意见，进而解决纠纷。法律人不但关心判决的结果，也关心判决得出的过程。只有运用程序规则来保证公正，审判结果才更容易被接受。

为了更好地理解这一点，我们先来看一个生活中的例子。

得到 App 上的课程“30 天认知训练营”的主理人王烁老师曾经根据程序正义的原则，处理了一次家庭纠纷。

有一次，王烁老师的两个孩子吵架，二宝跑来告状，说大宝弄坏了他的气球，让爸爸罚大宝 100 元。王烁老师没有直接表态，而是把两个孩子都叫过来，模仿法庭程序，爸爸充当“法官”，让他们依次陈述事实。同时规定，没有被“法官”叫到的不能乱发言。

首先是二宝发言，他说自己打了大宝，所以大宝把他的气球弄破了。然后大宝发言，她有两点补充：第一,二宝动手前，两宝各自夸自己的气球最美，二宝说不过大宝，就急了；第二,二宝的气球是自己（大宝）不小心弄破的。爸爸转头问二宝，是不是这样？二宝点头。

结果经过几轮“交叉询问”，“法庭辩论环节”结束，两个孩子对事实没有了争议。最后，“法官”爸爸的判决结果是，两人都有错，相互抵销。但两人都违反了家规，因此各自被罚 5 元。于是问题就这么和平地解决了，两个孩子都对判决结果心服口服。

为什么会心服口服呢？听了我前面的讲解，你大概就明白了。

首先，在冲突面前，爸爸变成了中立裁判者。不偏向谁，也不针对谁，居中裁判。

其次，轮到谁谁才能发言，保证年龄较小的二宝也有充分发言的机会。这就是限制强势一方，帮助弱势一方。正因为如此，在整个过程中，两个孩子的想法和情绪才能得到充分表达。

最后，给判决附上明确的理由，让孩子明白为什么抵销、为什么处罚。

美国前最高法院大法官杰克逊（Jackson）曾说，“如果严酷的实体法得到公平和公正的适用，那么它们也是可以忍受的”[12]，说的就是这个道理。一些心理学研究发现，即便是很多输了官司的当事人，其心态也比参加审判之前要好，因为他们的情绪在程序中得到了宣泄。对当事人来说，结果固然重要，程序中的自我感受也很重要。这就是程序的价值和魅力。

就整体的法律秩序而言，法官无视程序正义，追求个别案件的实质正义，有时会变成极为可怕的灾难。这个灾难就是法官可以只按实质正义的观念，超越程序条条框框的限制来判案，这就相当于为枉法裁判打开了方便之门。

21 世纪初，四川泸州的法院判决了一起饱受争议的“二奶继承案”[13]。案情并不复杂：一名男子在去世前立下遗嘱，把财产留给了自己的情人（俗称“二奶”），而不是自己的妻子。该男子去世后，他的妻子和情人因为遗产纠纷打起了官司。妻子主张婚姻道德，认为自己当然有权继承丈夫的遗产，合理合法；情人则主张个人自由意志，说自己已经照顾该男子多年，该男子知恩图报，把财产留给她，同样合理合法。因此双方闹得不可开交，起诉到了法院。最后法院依据民法里的公序良俗原则，认定这个所谓“二奶”的行为和诉求违背公共道德，判原配妻子赢。

这个案子引起了巨大的争议，不仅是因为判决理由不足（法官并没有充分援引具体的法律条文和规则，而是概括性地适用了“公序良俗原则”），更是因为程序不公。

我的同事、清华大学法学院的何海波教授就发现[14]，当地法院竟然把审判地放到了被告——也就是原配妻子——单位的工会俱乐部进行，并且允许1500名群众围观。那个所谓的“二奶”在离开法庭时，人身安全还受到了威胁。这还没完，法官在正式宣判后还公开表态：“竟然有人为‘二奶’说话，真是不可理喻。”

可以看出，整个过程远非中立的法律审判，更像是社会针对个人的一场道德批斗。当事人毫无参与感，法官也毫无中立性。这样的判决，是披着法律的外衣来搞快意恩仇。

由此可见，司法程序并不仅仅是繁文缛节，更是一种对于司法裁判不公的底层限制。如果法官可以突破程序正义，那么即便个案当中能够实现符合某种道德观念的实质正义，最终也会对司法和法律本身的权威性带来巨大威胁，甚至为法官依据道德观念枉法裁判打开一扇门。因此，对于司法和法律来说，再怎么强调程序的价值都不为过。

凡事讲终局：正确与确定

在法律系统中，程序是解决纠纷的制度化方案，是一整套流程。那么，对某个特定的纠纷来说，这套流程能不能一直运转下去呢？如果当事人认为判决结果不正确，是不是可以继续走程序，直到自己满意为止呢？

答案是：不可以。很多人可能觉得，人们之所以打官司，自然是想要一个公平正义的结果。如果没有得到想要的公平，就应该允许继续上诉或者申请再审，将诉讼进行到底。这对当事人来说似乎天经地义，合情合理。

但是，几乎所有的法律体系和司法系统都会设置终审制度，来保证每一个案件的结果都有终局性。也就是说，“将诉讼进行到底，直到自己满意为止”是不被法律允许的。

很多人觉得这样的制度不近人情，他们关注的关键问题在于，终局性的制度设计符合程序正义吗？能保护人们的法律权利吗？这么做是不得已而为之吗？

要回答这些问题，我们必须深入理解终局性的概念，以及它为什么对法律系统如此重要。

终局性意味着终审判决不可更改

所谓终局性，简言之就是一旦诉讼走完了所有的法定程序，法院判决生效后，基本上就不能更改了；争议的最终解决方案就这么定了，不能再反复。法律里的“终审”概念就表达了这个意思：无论是美国的三审终审制，还是我国的两审终审制都是如此。在美国，如果当事人对一审判决不服，可以上诉到二审法院；如果对二审判决仍然不服，可以继续上诉，比如上诉到美国最高法院；但一旦法院作出了三审判决，哪怕当事人仍然不服也不能再改，事情就到此为止了。在我国，二审判决就是终审判决。

需要注意的是，未必非得是最高法院或者二审法院的判决才是终审判决。一般情况下，即便是一审判决，如果败诉一方在法定期限内没有上诉，就代表他认同了判决，这个一审判决也是终审判决。当事人不能再提出上诉，也不能再就此问题重新提出诉讼，这就是诉讼法上的“一事不再理”原则。

比如我国的一审民事判决书都会写上：“如不服本判决，可以在判决书送达之日起 15 日内，向本院递交上诉状，并按照对方当事人或者代表人的人数提出副本，上诉于 ×××× 人民法院。”

也就是说，如果当事人没有在 15 日之内提出上诉，判决就正式生效，原则上不能再更改。

在这个意义上，终局性的概念还连带着另外一个法学概念，叫作既判力——终审判决一旦生效，其效力就是不容置疑和不容挑战的。

此外，终局性还有一个更重要的意义——在解决争议的各种方式中，司法是最后一道防线，其处理结果不再因其他纠纷解决方式的结果而更改。比如，在商业纠纷中，双方当事人可以选择和解，也可以找第三方调解。但是一旦走了正式的司法程序，法院作出了终审判决，之前其他方式的处理结果都得让位。在现代法治社会中，法律是纠纷裁判的最高标准，司法的终审判决就是最终的结果。

实际上，对于终局性的坚持是法律人集体性格的一种体现。这种性格表现为以下特征：①就纠纷解决而言，法律人厌恶没完没了的争斗，害怕悬而未决的状态，更不喜欢旧事重提的动议；②法律人喜欢落袋为安，板上钉钉，封存不动，让过去的事情彻底过去，给确定的结果贴上封条。

对法律人来说，更为重要的不是判决结果的正确性，而是判决结果的确定性。在法律世界中，确定性优先于正确性。

再审未必能获得正确的答案

或许人们会对此种态度存疑：终审制度和终局性概念实在太僵化了，如果判决结果真的有问题，为什么不能重新来过呢？为什么不能有错必究呢？

实际上，前文所提的终局性概念是法律人努力追求的一个目标。在现实中，法律体系也会保留某种纠错机制，只是这种纠错机制有比较严格的限制。

比如我国法律体系在追求终局性的同时，也特别重视实事求是，在两审终审制之外，还规定了再审程序。《中华人民共和国民事诉讼法》（简称《民事诉讼法》）规定，当事人如果能够提出足以推翻原判决的证据，或者证明原判决认定基本事实缺乏依据，或者原判决在程序上有瑕疵（如法官应当回避而没有回避）等，就可以申请再审。

但是，我们千万不能认为再审制度是对终审制度的否定。中国法律的发展阶段不一样，制度的设计者担心有些已经生效的判决仍然会有问题，所以留出了“再审”的救济手段。事实上我们的法律体系一直在朝着终局性的方向努力。现实当中，申请再审具有一定的难度，想要通过再审改变判决则难上加难。具体来说，再审的启动要符合法律规定的条件，即必须是原审有重大瑕疵或缺陷才可以启动再审程序，而不是随随便便就可以否定终审判决、从头再来。

根据《中国法律年鉴》的统计，2016 年全国一审结案的数量是 1200 多万件，申请再审的有大约 18 万件，最后再审收案的只有 3 万多件，最终改判的只有 1 万多件。你看，层层筛选下来，只有不足千分之一的案件有可能——注意是“有可能”——通过再审改变结果。

更为重要的是，我们必须思考这样一个问题：如果一个案件终审之后，进入再审程序重新审判，就真的能纠正错误、抵达正确吗？

还真不一定。因为大多数人一提到判案，很容易联想到像《窦娥冤》里那样人命关天的大案，但在现实世界里，绝大多数案子都是日常的民事、商事经济纠纷。据统计，2017 年全国法院一审受理案件中有 89% 都是民商事案件，只有 9% 是刑事案件，而涉及死刑的更是少之又少。假设在一个民事案件中，一审判了 50 万元的赔偿，二审判了 60 万元，哪个更正确呢？这很难说。

法律很难像数学那样有标准答案。因为法律不全是非黑即白的条文，而有很大的解释空间；每个案件要考量的因素都有很多；裁判者也有自由裁量权。所以即便法官每次都尽全力发现事实、客观中立地解释法条、在推理过程中小心求证，判决结果也有可能不同。如果一个案子审了几次，结果都不一样，我们凭什么相信第二次、第三次的结果就比第一次更正确呢？

因此，法律人倾向于相信，一个案子如果在程序上没问题，我们就不应该用法律之外的标准去评判对错。很多时候，我们说上级法院纠正了下级法院的判决，与其说上级法院更正确，不如说它更有权威。美国最高法院历史上著名的杰克逊大法官就说过一句名言："我们最终说了算不是因为不犯错误，我们不犯错误，是因为我们最终说了算。"（"We are not final because we are infallible, but we are infallible only because we are final.") [15]

平反冤案为什么难?

考虑到上述因素，法律人坚持终局性也就可以理解了。但在有些法律体系中，这一点甚至能达到“终局性至上”的“偏执”程度。所谓“偏执”体现在，即使后来人们高度质疑之前的判决，司法机关也会尽力维持原判。

我们一般认为，冤假错案必须平反，毕竟人命关天。但在美国这种信奉程序至上的法律体系中，平反冤案却难于上青天。这是否合理，见仁见智。我们通过一个案子来看究竟是怎么回事。

2007 年，一个名叫布雷丹·达西（Brendan Dassey）的 16 岁少年涉嫌强奸和杀人，美国警方获得了他的认罪口供。经过法庭审判后，他被判定谋杀罪名成立，随后被判处终身监禁。接着，达西在州法院系统上诉，但州法院没有接受。10 年之后，美国视频网站奈飞（Netflix）拍摄了著名纪录片《制造杀人犯》（*Making a Murderer*）。该纪录片通过翔实的材料披露，达西当初是被警察诱供了。

这个案件迅速引起轩然大波。西北大学的两位法学教授代理达西向联邦第七巡回上诉法院（即美国联邦司法系统中的中级上诉法院）上诉，巡回法院以 4：3 的投票结果维持原判。之后，达西的律师团（包括美国的司法部前副部长）向美国最高法院申请再审，最终被美国最高法院拒绝。

可见，在法律的终局思维面前，即使像达西案这样公认的冤案，重审的可能性也还是太小了，而且达西案并不仅仅是个案。一位美国学者曾经说过："在法律领域，我们在很多方面都有丰富的经验，包括制造冤假错案。"2015年的《美国国家科学院院刊》（*Proceedings of the National Academy of Sciences of the United States of America*，PNAS）也指出，在全美已执行死刑的犯人中，有4.1%后来被证明是无辜的。也就是说，每处决25人，就错杀了1人。

即便是这样，法律人也不太愿意平反冤假错案，背后的考量就是终局性和既判力。外行之所以普遍好奇为什么美国法律平反冤假错案这么难，就是因为他们无法理解法律人对终局性的执念。

19世纪，美国最高法院的约翰·A.坎贝尔（John A. Campbell）大法官甚至有点儿夸张地说过："法庭所作出的明确判决，应该被当作无可辩驳的法律真理一样被接受。既判力能使黑的变为白的，弯的变为直的。任何别的证词都不能动摇它所产生的真理假定，亦没有任何证据能减损它的法律效力。"[16]

之所以会有这么绝对的说法，有以下几个原因。

（1）制度原因。拿美国的刑事审判来说，一审负责事实问题，也就是有没有犯罪；上诉审负责法律问题，包括有没有按程序办事，量刑是否合法等。

在这里，一审判决就是事实问题的终局判决。罪犯可以上诉，但是上诉法院只审查一审程序是不是有问题，而不关心事实是不是搞错了。所以美国法律界有句戏言，大意是哪怕陪审团判定月亮是由奶酪做成的，上诉法院也不能推翻。

（2）成本考虑。司法系统要靠财政支撑，不能为一个案子反复投入资源。纳税人也不可能为了一个人或者几个人的案子不断买单。美国联邦巡回法院法官、学者理查德·A. 波斯纳（Richard A. Posner）曾经在《法律的经济分析》（*Economic Analysis of Law*）一书中，对终局性问题进行过一个经济分析："法院不允许（已决案件的）相同当事人之间再就相同的权利主张提起诉讼，这可能是令人惊讶的……其答案是，再诉是需要成本的，但由于我们无法决定前后矛盾的一系列结果（A 诉 B，结果 A 败诉；A 再诉 B，结果 A 胜诉；为此 B 又再诉 A 以补偿对 A 的赔偿，结果 B 又胜诉；依此无穷）何者为正确，所以减少错误成本的收益在总体上为零。无论这一诉讼链在哪一环断裂，我们都没有任何理由认为最新的判决会比以前与之相矛盾的判决更正确。"[17]

终局性是为了真正解决纠纷

或许有人会进一步追问，法律人为什么看起来这么不负责呢？为了制度和成本的考量，就放任错误不管了？为什么不能有错必纠呢？

其实，法律人如此看重终局性，还有一个更深层的原因——没有终局性，法律就无法完成解决纠纷、维护秩序的根本目的。为此必须有所取舍，有所权衡。

德国法学家拉德布鲁赫曾经在《法哲学》一书中说过，“能够独自为不正确判决的既判力加以辩护的还是法的安定性”[18]。如果反复再审，生效的判决就会变得无效，导致“终审不终”，使案件的当事人和利益相关方处于不确定的状态之下。当事人受不了，社会也受不了。**法律最多能保证公正的审判，而不是完美的审判。**其实很多时候，人们更需要最终的判决，而非最好的审判。如果为了追求最好的判决，不断地上诉、再审，使当事人和相关方的利益长期处于悬而不决的状态，反而会损害他们的利益。**最好的判决是最终判决的敌人。**

反过来讲，如果不断推翻生效的判决，不但个案纠纷得不到解决，司法权威也会受到极大的怀疑和挑战。而且，法律本来就是在“公说公有理，婆说婆有理”的情况下给出一个确定的公断，以求纠纷能够解决，秩序恢复到平稳状态。如果终审判决被当成一纸空文而被不断更改，谁又能保证再审判决就不是一纸空文呢？如果法院总是改判，那它还有什么权威呢？如果没有了权威，司法作为最后一道防线的价值将不复存在。这会导致在最坏的情况下，纠纷双方直接对抗——冤冤相报，后果不堪设想。

所以，法律人相信，必须假定终审判决就是正确的，如此法律才能运转下去，社会才有稳定的期待。比较法学家亨利·W. 埃尔曼（Henry W. Ehrmann）在《比较法律文化》（*Comparative Legal Cultures*）一书中写道：“如果法律不能提供稳定性和一定程度的确定性，那么结果必将导致而不是抑制混乱。”[19]

在足球比赛中，如果裁判产生误判，可以事后惩罚，但比赛的结果却不能因此改变。司法审判也是如此，只要是经过正当程序作出的判决，法律就假定它是正确的。美国法学家、斯坦福大学教授劳伦斯·弗里德曼（Lawrence Friedman）曾经指出："只要判决是依法作出的就是对的，即使你们对结果感到遗憾，也不能说它是错误的。法律的一个重要功能就是在很难判明是非时作出判断，一个裁判也可能判错一个球，但是大家都必须服从，比赛才能进行下去。"[20]

举例来说，2010 年，美国联邦法院的一名法官托马斯·波蒂厄斯（Thomas Porteous）因为收受律师贿赂等腐败行为，被众议院弹劾，从此不能担任任何公职，甚至连自己的律师执业资格都被吊销了。但即便如此，这个法官之前的判决没有一个因此被推翻。即便是法官贪污腐败，其之前所作判决的终局性也要被维护。

由此看来，有终局性未必不犯错误，但没有终局性则意味着整个体系将失去权威性和稳定性。两害相权取其轻，法律人倾向于选择最不坏的办法，这是没有办法的办法。毕竟，没有终局性就意味着司法程序没有真正的终点，也就意味着程序的意义大打折扣。

凡事讲预期：个案与长远

普通人关注法律的契机，除了自己或身边人面临纠纷或诉讼，就是新闻里出现热点案件之时。在关注热点案件时，人们普遍认为，法律人判案就是为了追求个案的公平正义。

如果法律不能在具体纠纷中提供公平正义，也就没有存在的必要了，这是常识。但实际上，事情并没有那么简单。在一些特殊情况下，法律和法律人甚至会刻意忽略个体的公平，牺牲个案的正义。

为什么如此“不顾常识”呢？因为在法律人眼里，个案的公平正义固然重要，但另一个问题也不容忽视，那就是要塑造良好而稳定的预期。所谓良好而稳定的预期，指的是法律在处理社会问题的时候，不仅要解决当下的纠纷，还要控制长期的复杂性，给未来的法律人乃至全社会一个稳定的期待，让人们据此安排未来的生活。

究其实质，法律解决个案纠纷的过程，也是确立普遍规则的过程。因此，决策者必须考虑到，当前的处理办法一旦变成长远而普遍的规则，适用于长时段和广大群体，它的合理性、正当性是否依然不容置疑。也就是说，**法律人在作决策时要超越当下的案件，关注长远的后果。**

普遍规则与个案正义的冲突

为了更好地理解这一点，我们来看一个非常有名的案例——1805 年纽约州法院宣判的狐狸案（*Pierson v. Post*）[21]，它奠定了美国财产法的一些基础原则。

基本案情是这样的：一个人在无人居住的沙滩上发现了一只狐狸，于是带着猎狗开始追，追了很久狐狸终于筋疲力尽了，眼看着就要到手了。这时突然来了另一个人，他直接开枪打死了狐狸，然后带着猎物扬长而去，并且宣称自己并没有看到追狐狸的人。

一直追狐狸的人自然十分不忿：我在这儿追了半天，就快到手了，却被你摘了桃子，我必须得到法院讨个说法！

如果这个案子摆在面前，你会怎么判？很多人的第一反应可能是，判追狐狸的人赢，毕竟是人家先发现的狐狸，而且付出了劳动，都快抓到了；如果判开枪打死狐狸的那个人赢，就是鼓励“摘桃子”的行为，有违公平原则。实际上，初审法院的确就是这么判的。

但是，开枪打死狐狸的人不服初审判决，上诉到了纽约州最高法院。结果纽约州最高法院推翻了初审判决，判定狐狸的所有权属于开枪打死狐狸的人。

判决的理由是什么呢？负责撰写案件主判词的丹尼尔·D.汤普金斯（Daniel D. Tompkins）法官认为，判断所有权属于谁，不能按照"追逐原则"，应该根据"捕获原则"。简单来说就是谁在追不重要，谁拿到手才重要。汤普金斯法官写道："如果初次看到、启动或者追捕此类无主动物，而没有伤害、围困或诱捕动物，剥夺它们的自然自由并且将其置于追捕者的控制之内，就能让此人获得一种行为依据，让其他人不能拦截或者杀死它们，这将被证明是大量纠纷和诉讼的诱因。"[22]

可见，虽然这个判决乍看起来很不公平，但是法院却有一个更长远的考虑，那就是人们未来的预期。如果法院在本案之中，依据公平原则判决狐狸的所有权属于追狐狸的人，那么日后类似的案件出现之后，要是有多个人同时追逐一个猎物，猎物应该归谁呢？如果把追逐作为确定产权的原则，那么一个东西的产权就是不确定的，会引发更多的争议和诉讼，法律就失去了定分止争的作用。

实际上，中国古代法家也有类似的思想，前文中也曾述及。商鞅说过，"一兔走，百人逐之，非以兔可分以为百也，由名之未定也"[23]。意思是野地里的兔子，哪怕是道德高尚的圣人都会去抢，因为它没有被划定所有权。如果今天判了追狐狸的人赢，就意味着明天、后天会有海量官司闹到法院里。

在法律人的思维里，个案的处理结果有时候是和规则的普遍性相冲突的。狐狸案就是牺牲了个案的正义，顾及了普遍的规则。

法律是天下之公器，它从一开始就是以整个社会为对象来设计的，而不是为了或者针对某一个人或某几个人。**法律规则的确立要对长时段内的所有社会成员普遍适用，因此其追求的并非每一个具体事件中的合理与公平，而是整体的、全局的合理与公平。**所以，法律不能只是“具体问题具体分析”，而是希望能够涵盖多数情况。如果每件事都“具体问题具体分析”，人类社会就不需要法律了，只需要裁判者根据每个案件的具体情况，个性化地解决问题。打个比方，法律更关心的是气候，而不是天气。普通人关注的是个案正义，考虑的是眼下某个案件的特殊情况，法律人关注的则是普遍正义，关心的是未来大量的类似情况。换言之，法治体系不仅要考虑个案的纠纷解决，更要考虑整体的规则之治。

实际上，英美法系里有个“遵循先例”原则，意思是法官在判决的时候，必须遵循之前类似案件的判决，以往判决中的法律原则对以后同类案件同样具有约束力。反过来说，法官在判定手头案件的时候，就得考虑到以后其他法官也会遵循这个案件的判决规则和原则，因此必须考虑眼下判决的未来预期。

大陆法系虽然没有规定遵循先例原则，但实际运作中也会有类似的做法。比如，在我们国家，最高人民法院发布的指导性案例和公报案例，下级法院审判同类案件时应当参照。一个案子的结果甚至还会为整个社会提供信号，塑造大家对未来的整体预期，影响人们将来的行为模式。比如，2006年南京发生的彭宇案[24]，就极大地塑造了人们对日后行为的预期，导致人们不敢在大街上扶老人了。因此在判案时，我们的法官依然要特别重视手头的案子所确立的长远规则是不是合理。

忍受具体结果的不合理，是为了维护规则的稳定预期

所以我们才说，法律人为了维护普遍规则，不惜牺牲个案中的合理结果。甚至有时候这个结果对当事人来说代价巨大，在社会公众看来有些荒谬也在所不惜。

我们再看一个美国的案子。这个案子涉及的可不是一只狐狸，而是一片矿产；而且案子也不是由州最高法院宣判的，而是美国最高法院宣判的。

1985年，美国最高法院判了一个奇葩的案子（*United States v. Locke*）[25]。一位矿主因为比规定日期晚了一天做登记，损失了价值几百万美元的矿产所有权。

事情是这样的。根据联邦法律的规定，为了维持对矿产的产权，矿主必须每年在联邦土地管理局系统里登记一次。而根据联邦国会的立法规定，申报材料的提交日期是12月31日之前，否则就被视为自动放弃产权。请注意这里的措辞，是12月31日之前。

但是，有位矿主因为种种原因，在12月31日当天才提交材料。这就遇到了一个棘手的问题，“12月31日之前”究竟包不包括12月31日当天？

这位矿主认为，按照常识，“之前”当然应该包括当天。他还找出了土地管理局两年前的宣传手册，上面写的是“12 月 31 日当天或之前”。但土地管理局却说：“之前宣传手册上的表述是个错误，现在国会已经通过了新的立法，我们也已经纠正了错误。”

要知道，这个纠纷涉及的矿产价值几百万美元，这在 20 世纪 80 年代可不是个小数目。于是矿主上诉到美国最高法院。

我们普通人肯定会觉得，总不能因为学生晚一天交作业，就判零分吧。人家矿主只是晚了一天，这么多财产总不至于说没就没吧。但是，与常人直觉相反的是，美国最高法院最终还是判矿主败诉。法官的理由是，虽然这个法律条文看似非常“笨”，对矿主来说造成了巨大伤害，但法院也不能更改日期的规定。“12 月 31 日之前”就是不包括 12 月 31 日当天。

为什么要这么严苛呢？法官表示，最重要的原因在于，我们不能只看眼前案件中的是非对错或社会情理。从长远来看，如果在本案之中，联邦法院纠正了联邦国会立法里关于日期规定的技术性错误，那它就可以在类似情况下，按照自身的理解改动法律中其他关于日期的规定。更为重要的是，这会触及一个更大的原则——法院在根据自己的判断干涉立法权。即便这次修改可能很合理，如何保证以后的修改都合理呢？此例一开，后果将不堪设想。

可见，法律人更看重整体规则是否稳定、统一，而不是个案的结果是否合理。法律人追求的不是每个案例中的正确结果，而是总体法律运作的最好结果。所以，英国历史上著名的爱德华·柯克

（Edward Coke）大法官有句名言："法律忍受对于个别人造成的伤害，比对大多数人带来不便、造成伤害要好。"[26]美国历史上最伟大的法官之一路易斯·D. 布兰代斯（Louis D. Brandeis）也说过："在大多数情况下，法律规则被确定下来比被正确地确定下来更为重要。"[27]

追求个案正义，可能会造成长远不良影响

或许有人会进一步追问，如果在具体审判中，法官就是要追求个案正义，又会怎么样呢？那就可能会制造出一些在当时看起来很正确，长远来看却有些荒谬的规则。

美国历史上涉及言论自由最经典的案例"《纽约时报》案"（*New York Times Co. v. Sullivan*）[28]，就是一个典型的例子。

20 世纪 60 年代，正是美国民权运动如火如荼、种族隔离被废除的时代。当时《纽约时报》发了个广告，说马丁·路德·金在亚拉巴马州蒙哥马利市遭受过警察迫害。蒙哥马利市的警察局局长苏利文一看，立即对号入座了：这不就是说我吗？纯属胡扯，我根本没干过这事啊。于是他就起诉《纽约时报》诽谤，而当地法院立即判了《纽约时报》败诉，并要求它赔偿警察局局长 50 万美元。这个赔偿额度在当时是一笔巨款，直接威胁到了《纽约时报》的发展前途。

于是，《纽约时报》就把案件上诉到了美国最高法院。美国最高法院推翻了下级法院的判决，转而判《纽约时报》胜诉。理由

是，对于政府官员的任何批评都受到言论自由的严格保护，哪怕与事实不相符，也不用承担诽谤的民事责任，除非官员能够反过来证明报纸的确是在恶意造谣。

这背后的道理其实是：政府官员和民众之间信息不对称，要让老百姓去证实官员确实贪赃枉法，这个要求过高了；而如果要求公民批评政府官员的言论必须有事实依据，就会造成“寒蝉效应”，以后大家都不敢说话了。

我们要问的是，《纽约时报》案确立的规则是不是很合理？在民权运动的背景下，这个结果确实保护了马丁·路德·金和其他追求平等正义的人，再合理不过。

但这只是硬币的一面，我们再看看另一面。《纽约时报》案实际上也给媒体开了绿灯，以后无论媒体怎么抨击官员，一般来说都不会承担法律责任。而且，后来美国最高法院还通过判例，进一步扩大了免除诽谤责任的言论范围，媒体不但可以随意批评官员，甚至针对公众人物（例如明星）也可以。

这个判决被确立为普遍规则，造成了一个严重的后果，那就是美国媒体的不负责任。如今我们看到美国媒体常常随意造谣、恶意中伤政治家和公众人物，说到底就是因为《纽约时报》案所确立的规则为它们提供了法律上的保护。

因此，哈佛大学法学院著名的宪法学教授凯斯·桑斯坦（Cass Sunstein）就在这个案子宣判 50 周年的时候，在彭博网站上发表了一篇文章，题目叫《“〈纽约时报〉案”的阴暗面》（The Dark

Side of New York Times v. Sullivan）[29]。文中指出，本来“《纽约时报》案”是想提高美国民主政治的质量，结果却是败坏了公共讨论的氛围。

美国现代实用主义法学的创始人奥利弗·W. 霍姆斯（Oliver W. Holmes）大法官曾经感慨：“疑难案件制造坏的法律（Hard cases make bad law）。”[30]这句话虽然说得有点儿绝对，但也道出了法律人的无奈。在疑难案件中，法律人很多时候必须抑制自己寻求最好解决方案的努力，而要考虑案件结果对未来法律人和未来社会成员整体预期的影响。

凡事讲权威：权限与尊重

法律的权威显而易见，这一点人人都能感受到。

无论是中国法庭上威严的国徽、美国大法官的黑袍子、英国法官的假发，还是英美法律中的藐视法庭罪，都是在强调法律和司法机关的权威性。

法律必须具有权威性，这样才能保证全社会都服从于这套强制性的规则体系。但问题在于，规则是早就确立好的，社会却始终在发展；规则是普遍性的，现实却总有特殊性。因此总会出现一些新的、复杂的问题没有明确的适用规则，却又亟须解决。面对此类问题，应该怎么办呢？

这个时候，法律就会将决策权授予一些法定的机构，比如法院，让它们用自由裁量权去解决问题；同时，法律还会通过程序和规则限制权限范围，防止因自由裁量权过度而造成枉法现象。

也就是说，法律的权威一方面体现为纸上的规则，另一方面体现为法定机构的决定。因此，法律的逻辑是，只要是法定机构在其法定权限范围内作出的决定，社会成员和其他法定机构就必须服从，哪怕它的决定不够明智，甚至与人们的日常理性相抵触。这就是法律权威性的深层含义，也是法律逻辑有别于日常逻辑的一个特点。

管辖权：首先不是讲理，而是在何处讲理

从这个角度出发，作为法律权威的执行者，法定机构的权力范围就变得尤为重要。这种重要性首先体现在一个技术性问题上，即法律中经常提到的“管辖权”。律师打官司的时候，首先就要打管辖权这一点。

简单来说，管辖权的逻辑是“在谁的地盘上谁说了算”。请注意，这里说的“谁”不是具体的原告被告，而是裁决机构及其依据的法律制度本身。很多人常说“有理走遍天下，无理寸步难行”，但在法律人看来，有理未必能走遍天下。因为法律是具有地域性的规则，在什么地方就要遵守什么地方的法律。

例如，2014 年，一对英国夫妇搬到了阿联酋生活。一般来说，只要一个人身处某国的疆域范围内，就要接受该国法律的管辖。所以，虽然这对夫妇是外国人，但是到了阿联酋，就得遵守当地的法律。这个时候冲突就产生了。在当地的伊斯兰教法律里，母亲并非天然享有对孩子的监护权，会受到很多条件的限制，比如宗教信

仰、居住地等。这位英国母亲因为不符合条件而丧失了对自己孩子的监护权。同样一件事，在一个国家是合法的，到了另一个国家就不是——这就是法律中管辖权的作用。

以外行的眼光来看，这种思维方式的确有点荒谬。就连著名的法国哲学家布莱士·帕斯卡（Blaise Pascal）都曾抱怨："以一条河流划界是多么滑稽的正义！在比利牛斯山的这一边是真理的，到了那一边就是错误的。"[31]

其实，不仅国与国之间如此，就算在同一个国家内部，法律也有可能千差万别。例如，在美国这样的联邦制国家，各州都有针对州内部事务的独立立法权。因此，纽约、新泽西等东北部的州已经废除了死刑，而得克萨斯、佛罗里达等南方的州还保留着死刑。同样一名罪犯，在纽约州就有可能活命，到了得克萨斯州就得死。而在公司法方面，美国更是没有统一的联邦公司法。各州的公司法差别很大，比如特拉华州的公司法就是出了名的先进、灵活，超过一半的世界五百强公司都注册在那里。

在具体案件中，争夺管辖权很重要

对于法律人来说，同一个案件在不同的地方打官司，结果很可能不同。很多律师在打官司前会先在管辖权上做文章，甚至为了争夺管辖权无所不用其极。

1959 年，美国有一位乘客在飞机上不停地看时间，过一会儿就要问空姐："有没有飞到阿肯色州？"

同行的其他乘客都很纳闷，因为这个航班是从田纳西州直飞得克萨斯州的，中间不存在转乘，飞机在阿肯色州根本不停。大家都在想：这个人是不是脑子有问题，否则怎么总问有没有飞到阿肯色州？

悬念很快就揭晓了。过了一会儿，空姐走过来对这个人说："飞机已经到阿肯色州上空了。"只见他立即站起来，走向另外一位乘客，拿出一个信封说："这是您的传票，请到阿肯色州法院应诉。"原来，这个人是阿肯色州法院的工作人员，之所以登上飞机，就是为了送达传票。

收到传票的人非常震惊。他是田纳西州人，在伊利诺伊州的公司工作。当时他心里一定在想：怎么自己经过一次阿肯色州，就要受当地法院的管辖啊？

原来，收到传票的人所在的公司，和阿肯色州的一对夫妇有合同上的纠纷。本来双方应该在公司所在地伊利诺伊州打官司，但这对夫妇听了律师的建议，觉得还是主场作战比较好，想要变更管辖权，这才想出了个万米高空送传票的方法。

但是，对方当然不愿意轻易就范，提出不能如此确定案件的管辖权，坚持到伊利诺伊州打官司。于是这个案件的首要争议就变成了管辖权纠纷。因为涉及两个州之间的法律问题，案子打到了联邦法院。联邦法院最终裁决，被告是在阿肯色州境内收到的传票，阿肯色州的法院有管辖权，所以官司应该在阿肯色州打。这就是格利斯诉麦克阿瑟案（*Grace v. MacArthur*）[32]。在这个案子中，为了变更管辖权，律师和当事人不惜采用令人瞠目结舌的招数，管辖权在真实法律运行中有多重要也就可想而知了。

尊重有权机构的权威，不管决策内容是否明智

对法律人来说，管辖权不仅关乎打官司的技术问题，它还有更大维度上的意义——在评判某个决策时，法律人首先要看作出决策的机构是不是有权拍板，而不是看它的决策是否明智。只要是在法定权限范围内，决策机构哪怕作出了在旁人看来非常愚蠢的决定，整个社会也得予以尊重，而不得以不合理或者不明智为由弃之不顾。

我们都知道，特朗普当选美国总统后，遭受了不少批评，其中就包括他总是作一些荒谬的决策。

比如，特朗普在2017年签了一份总统令，指名道姓地禁止7名伊斯兰国家的公民入境，这份总统令被称为“禁穆令”。禁穆令颁布后，全美国乃至全世界都炸了锅，舆论几乎都在谴责这一决策极为荒谬，是赤裸裸的种族和宗教歧视。

所以，当特朗普被夏威夷州告到美国最高法院的时候，全美国乃至全世界都是满怀期待的：一帮学富五车、睿智明辨的大法官，总该整治一下这个粗野少文、无法无天的总统吧？

但判决结果却令人大跌眼镜，法院认为禁穆令是合法的[33]。

为什么呢？首席大法官约翰·罗伯茨（John Roberts）认为，国会已经通过相关法律，授权总统根据自己的判断，拒绝那些会损

害美国利益的人入境。无论总统禁止哪些人、禁止多长时间、采取什么方式，都是总统权限范围之内的自由裁量权。无论总统在其自由裁量权内作出何种命令，法院都必须予以尊重，而不能以自己的理性取代总统的判断。这就是法律人权威思维的体现。

或许有人会说，这没什么特别的，其他领域也有讲权威的思维。比如在学术领域，我们也会推崇某个权威，信任他的判断。

但必须说明的是，在学术领域，权威专家的说法不过是研究的入口。学者们还是会不断质疑、验证，甚至要去挑战权威，而不是盲从。但法官和律师却是不问青红皂白地“盲从”权威，无论这个权威是立法机关制定的法律，行政机关制定的法规、作出的决定，还是司法机关之前的判例和司法解释。

因此，“盲从”权威在学术领域内是一种智力上的懒惰，意味着无法推陈出新、更新迭代；在法律领域内却是一种专业的纪律，意味着恪尽职守、依法办事。

在法学理论中，法律人的权威思维有个专门的名词来概括，叫作“内容独立”。其意思是，**人们需要尊重法定权威机构作出的决定，而这种尊重与该决定的具体内容无关。**权威机构说“X”，就是“X”，与“X”是什么无关。无论是公民还是其他机构，都要尊重权威机构的所有决定。当然，必须说明的是，这只是说在具体的执法和司法环节要看权威，而不是内容；在立法环节，肯定还是要关注内容优劣的。

美国宪法学领域有个著名的说法——一部法律虽然极其愚蠢，

却并不违反宪法，说的也是这个意思。只要我们记住了这句话，就能记住法律人的权威思维。

不但要尊重权威，还要拿权威说事

法律人看重权威，还有一个具体表现：在实际诉讼过程中，无论是律师提出主张，还是法官给出判决理由，都要“不分青红皂白”地诉诸权威。这里所谓的权威，指的是立法、行政和司法机关经过法定程序作出的规定，比如法律、法规或者司法机关的判例、司法解释。

需要注意的是，上述法律场景与日常场景有所不同。我们平常讨论问题时，如果有人一上来就诉诸权威，说“某某某就是这么说的，我们就得这么干”，那么在大家看来，这就是不作推理，甚至不讲道理，有拉大旗作虎皮的嫌疑。但在法律的运行过程中，律师或法官诉诸权威是通行的惯例，因为以权威为依据是论证的前提。

比如，律师在起草法律文书的时候，就得引用具有权威效力的法律条文或司法判例来论证主张。在英美法系，这些材料统称为“authorities”。如果律师没有引用这类权威依据，而是直接讲道理，说天理人情、讲科学研究，那么就算这些依据再有道理，在其他领域内再有权威，也不能算作法律论证的一环，无法获得法律体系的认同。在美国，法官写判决书时经常会很纠结，明明自己有个好点子，但就是找不到条文或判例上的依据，他们把这种情况称为

“写不出来”（It won’t write）。

我们国家的律师也深知这一点。以研究中国律师职业闻名的多伦多大学教授刘思达，在《割据的逻辑：中国法律服务市场的生态分析》一书中讲过这么一件事情。某国有银行准备上市，并且要被剥离成两家公司。根据《中华人民共和国公司法》（简称《公司法》）的规定，两家公司必须互相承担连带责任。该银行委托的律师为了帮助客户规避这一规定，就找到了《中华人民共和国合同法》（简称《合同法》）中的一个依据，这个依据与《公司法》的规定有所不同，更有利于银行。于是律师试图论证，由于《合同法》和《公司法》在法律等级上是平级的，因此可以遵从《合同法》。

当然，律师的这种解释并没有权威性，但为了客户能上市，他必须作出努力。于是他开始诉诸权威。他首先请求全国人大常委会作出立法解释，明确此问题应该按照《合同法》的规定来处理。由于全国人大常委会出台立法解释的周期太长，他又请求最高人民法院出台司法解释，仍然没有成功。最后，律师退而求其次，通过财政部组织了一些法学专家，举办了一场研讨会，整理出一份会议纪要，以此作为日后出现问题时的权威依据。[34]

在这件事情中，律师就贯彻了权威思维：只靠自己解释法律、讲明道理是远远不够的，必须寻求权威机关的依据，哪怕是一份研讨会的会议纪要也具有一定的权威性。很多时候，诉诸权威对法律人来说不但是一种策略，而且是一种纪律。

再以法律文书的写作为例，对于写作时不能引用什么，法律人内部有严格的要求。

比如，我在耶鲁大学法学院读书的时候学过一门法律写作课。老师告诉我们，千万不能引用维基百科，甚至连一些在学界很权威的法律百科全书都不行，必须引用法条或案例。

再比如，美国最高法院曾声明，其判决书前面的摘要，是不能被当作法律权威引用的。因为摘要不是大法官写的，而是编辑加上去的，不能算是正式的法律文本，不具有法律效力。

其实，这些规矩都是在强调，法律人必须拿法律权威说事，而不能直接讲道理。哪怕你的道理再明智，其效力也比不上一条看起来干巴巴的法律规定。

关于权威这件事，法律人有一种近乎固执的认同，因为在法律里，任何争议都要有个唯一的决策。在同一件事情上，哪怕有一个坏的决策，也比有两个好的决策更好。在无法得到“唯一正确的答案”的情况下，法律人追求的是“唯一确定的答案”。

想点大事

法律人的思维模型，和普通人的思维模式有很大差别，甚至和社会常识也有很大距离。法律思维确实有点儿“倔”：不管既定的规则有没有道理，你都得遵守；不管最终的判决是不是正义，你都得服从。

这听起来似乎有点“强权即公理”的意思，那法律人还追求公平正义吗？当然追求，这毋庸置疑。但我们一再强调，法律人追求的正义是长期的、整体的公平正义，所照顾的是大范围、长时段内的社会秩序。只有在社会秩序的基础上，法律体系才能逐渐实现个案的合理结果。

为了实现这个目标，一方面，法律设置明确的实体规则，也即各种权利和义务，划定人际边界，让人们用法律的技术语言，而不是道德的对错语言，去讨论和解决问题。另一方面，当纠纷产生时，法律还设置了权威的裁决机构，使其按照正当程序来解决纠纷。正当程序终结之时，即是判决结果生效之处，其终局性和既判力不受挑战，原则上是一锤定音，不再更改。

更重要的是，法律解决个案问题时，还要照顾整体规则和社会预期。用美国法学家弗雷德里克·肖尔（Frederick Schauer）在《像法律人那样思考》（*Thinking Like a Lawyer*）一书中的话来说就是，“最好的决策未必总是最好的法律决策”[35]。因为法律人深知，追求问题的最优解决方案，可能会导致问题无法解决。法律接受次优的方案，甚至容忍个别看似错误的答案，并不是因为愚蠢和懒惰，而是因为法律是一项长久的事业，追求的是更大范围内、更长时间里的制度价值。

正是在这里，法律思维会让你思考问题时，从规则和判决的被动接受者视角，转换到规则制定者和纠纷裁判者的视角，重新想问题。想一想，如果每一个人，在每一个纠纷中，都追求最合理、最明智、最正义的结果，否则决不罢休，那会是好事吗？或许不是。如果真是那样，后果不堪设想：海量法条都会受到挑战，多数判决都会被颠覆；法律的规则将会千疮百孔，社会的秩序也会分崩离析。

就日常生活而言，法律思维的价值就是帮你分析具体问题时，站得更高、想得更远。它能带你跳出个体视域和具体情境，从全局角度设计规则、作出决策；让你从平原的角落出发，登上高山的顶峰，重新看待眼前的问题。

第二章

事实的发现与描述

THINK BIG AND BEYOND YOURSELF

事实对于法律很重要。我们常说，司法机关判案要“以事实为依据”。那么，法律中的事实，究竟是什么？法律人处理事实问题，有哪些特殊的方式？这一章我会带你去看法律人如何发现事实，如何在发现不了客观真相的情况下作出判断，以及如何描述事实的思维技巧。

发现事实：为什么说法律事实不是客观真相？

在真实的司法过程中，事实的发现与描述是案件审判的前提。裁判者必须首先搞清楚究竟发生了什么，才能根据法律进行处理。然而，必须声明的是，法律中的事实和普通人眼里的“真相”有很大的不同。

在普通人眼里，事实是客观存在的，不以我们的主观意志为转移，静待人们去发现。法律要实现公平正义，首要任务就是找到事实真相。

但对于法律人来说，事实并不是关于真相的客观描述，而是对于事件的一种解释。既然是解释，就不是绝对客观的，所以法律人要找到的其实只是“法律上的事实”。

为什么会有这样的不同呢？原因包括以下几个方面。

事实是难以探知的

在真实的法律案件特别是疑难案件中，发现事实是一件极其困难的事情。难度有多大呢？我们来看一个“梦游杀人案”的例子。

1987 年，在加拿大曾经发生过一起凶杀案（*R. v. Parks*）[1]，犯罪事实本身很清楚，并没有什么争议：一位名叫肯尼斯 · 帕克斯（Kenneth Parks）的男子夜里开车到自己的岳父岳母家，把岳母杀了，还差点儿杀死岳父。之后，这个人直接一身血迹地开车进了警察局，反复说自己杀人了，随后他被控犯有谋杀罪。

初看起来，这是一起典型的杀人案。但到了法庭上，此人的辩护律师却主张被告是在梦游时杀人的，因而没有犯罪意图，并不构成犯罪。

我们都知道，现代刑法把刑事责任建立在自由意志的基础上。如果犯罪是因为个人无法控制自己的行为，例如精神病发作，是可以免除或者减轻刑事责任的。

但是，这个案件最为奇特的地方在于，此人都能开车去杀人，说他是在梦游，完全不可信。

然而，辩护律师找来一位睡眠领域颇受尊敬的专家作为证人。这位专家当庭作证，说的确存在一种情形，人在睡眠中可以行动，但完全没有自我意识，专业术语叫作“意识分离反应”（dissociative reaction）。虽然这种情况在孩童身上比较常见，但也有成人患有此类睡眠障碍。在本案中，肯尼斯接受了多种测试，其中一项睡眠测试的脑电图显示：他在深度睡眠期间有异常的大脑活动。由于肯尼斯无法伪造自己的脑电图，律师据此辩称，肯尼斯在案发时进入梦游是无意识的，其行为也是外因促成的，而非主观意愿的表达。

一旦引入了这个因素，陪审团就蒙了——竟然还有这种可能性。最后陪审团宣告被告无罪。之后当事人上诉到了加拿大最高法院，大法官们也根据这位专家的意见维持了陪审团的判决。

这个案件中，关键的事实——被告开车去杀人的时候是醒着的还是睡着的——不是我们通常所说的物质世界的事实，而是涉及人头脑里的状态和想法。这样的事实就极难探知。

而这种情况在案件中也并不少见。比如，确定强奸罪是否成立的时候，被害人到底同不同意的事实有时候就很难确定。在杀人犯患有间歇性精神病的案件中，确定杀人的时候是否发作了也是极为棘手的问题。毕竟头脑中的状态和想法只有当事人本人才清楚，甚至有时候连当事人本人都不清楚。

抛开疑难杂案，即便是最简单的日常事件也会让人感受到发现事实的难度。

我们来做一个思想实验。有一天，张三说李四打伤了他，证据是自己身体上有很明显的伤痕。这是事实吗？张三身上有伤，确实是事实，但这并不能证明伤痕就是李四造成的。

张三接着说："我有证人，我同事看见李四打我了，这总能证明了吧？"然而，有证人证言就能证明李四打人了吗？也不一定。

李四马上反驳："这个证人不仅是张三的同事，也是张三的好朋友，他的证词不能算数。"你看，有了证人证言也不一定会被采用。

于是，张三又找来了监控录像，录像显示李四的确打了他。录像资料铁证如山地摆在那儿，这总是事实了吧？

但是李四立即提出疑问："录像有可能是伪造的。因为现在有一种叫作'深伪'的技术，可以替换视频中的人脸。"

随着新信息的出现，事实变得越来越复杂。整件事已经从讨论"李四有没有打人"这个物理事实，变成了"视频有没有经过技术处理"这样的专业问题。这个时候，李四就需要提请专家进行鉴定。

我们会发现，争议可以继续往下增加变量。如果张三不服气，他还可以质疑李四请的专家的资格，甚至自己再找一位专家来鉴定。事情继续发展，就会变得更加复杂。但究竟李四有没有打张三，这个问题依然没有定论。

我们常说，法院判案要“以事实为依据”。但在真实环境中，不同的人给出的事实完全不一样：有的刻意隐瞒，有的故意欺骗……法官不是当事人，也没有上帝视角，想要发现事实真是难上加难。更加难办的是，无论事实真相发现到何种程度，法官都得在特定时间内作出判决，而不能因为事实不清就不解决问题。

关于这一点，我国一位法官曾经做过一个形象的描述：“把打碎的镜子重新粘起来，跟原来的镜子不可能完全一样。”

已经发生的案件没有办法再现和还原，而法律中的“事实”，只能是被证据证明了的事实，用证据粘起来、还原了的事实。至于真相本身，也许只有上帝才能知道。

亲历者知道的绝对事实，有时也无法用于定罪

如果你觉得上面的思想实验不够真实，我们再来看一个真实案例。

100 多年前，英国发生了一个案子，甚至惊动了英国女王，这就是著名的“公海食人案”（*R v. Dudley and Stephens*）[2]。1884 年 5 月 19 日，一艘名为“木樨草号”的游船从英国南安普敦启程驶向大海。一个多月后，当行驶到南非好望角西北处时，海浪突然冲垮防浪挡板，“木樨草号”遭遇海难，很快沉没。

有四位船员逃到了唯一的救生艇上。海上的生存环境非常恶劣，船员们缺食少水。漂流的前两天，他们没有进食。第三天，他们饥渴难耐，打开了逃生时抓到的罐头分吃。第五天，他们抓了一

只海龟，靠它和剩下的罐头勉强维持生命。之后八天，没有任何食物和淡水。第十六天，两名船员开始生病。第十九天，17 岁的船员帕克（Parker）深度昏迷。绝境之下，船长作出了艰难的决定，他建议抽签决定以某个人的死换取其他人的生存。但是，其中一名叫布鲁克斯（Brooks）的船员拒绝了，抽签的提议被否决。

接下来的一天，他们仍然看不到任何获救的希望，于是其中一名船员史蒂芬斯（Stephens），在船长暗示下提出了牺牲帕克的建议。在做了祷告之后，史蒂芬斯按住昏迷的帕克，船长用小刀刺进帕克的喉部，结束了他的生命。随后，三人以帕克的肉和血为食，支撑了四天，最终幸运地被驶来的船只营救。

上岸后，幸存的三位船员被送往英国康沃尔郡的法尔茅斯市。他们坦诚地把事情经过告诉了海关官员。他们相信，杀人是在极端危急的状态下发生的，情有可原，不算谋杀，而且根据当时的海上惯例，这种情况的确可以宽大处理。但最终，海关官员还是把他们交给了政府，警察随即实施逮捕，检察官以谋杀罪提起了诉讼。这个案子在当时掀起了轩然大波。

等到法庭审判时，发现事实的困难就完全暴露出来了。因为整个事件的亲历者，也就是唯一的证人，只有三名被告。如果他们三人都按照法律主张自己的沉默权，那么审判根本无法进行下去。当时的英国法律规定，一份供词只能适用于供述者本人，不能同时用在其他被告身上。所以，即便有一个人认罪了，他的供词也不能用来给其他人定罪。

那如何破局呢？受当时实际条件的迫使，检察官撤销了对布鲁克斯——也就是第一次拒绝杀死帕克的那位船员——的指控，而且检察官还决定不提出任何不利于布鲁克斯的证据。于是，布鲁克斯从被告人变成了证人，来证明另外两名船员是蓄意杀人。

经过激烈的争论，法院最终宣判两位被告船员有罪，并处以死刑。后来，英国女王对他们进行了特赦，将刑期减至六个月。

从这个案例中我们可以看到，即使有亲历者知道绝对事实，法庭在定罪的时候也会非常为难，因为法庭所认可的事实必须符合法律要求，否则即便是“真相”，也无法用于定案。就像本案中，为了使得亲历者的证言符合法律要求，控方不得不选择放弃布鲁克斯，反而将他作为证人来获取证言。当唯一的证人就是被告时，被告一旦保持沉默，事实就更加无法认定。

铁证也可能生锈

“公海食人案”的情况已经很特殊了，还有更加特殊的情况：即便是铁证如山，仍有可能无法确定事实。

一个典型的例子就是中国著名脱口秀演员周立波在美国的持枪涉毒案。2017 年 1 月 19 日，美国长岛警方公布，周立波深夜开车蛇行，在长岛莱亭顿被警方拦截搜查。警方从车上搜出一级毒品可卡因和枪支，周立波当场被逮捕。

然而，在经历了 11 次开庭审理之后，法院最终宣判：控方对周立波所有指控的罪名都不成立。法院只是判他开车打手机违法，罚款 150 美元。

或许人们会非常不解：毒品和枪支是当场被搜查出来的，可是铁证如山的事实啊，为什么周立波还能逆天翻盘？原因就是他的律师辩护主张：警察在拦截周立波的车辆时，并没有根据法律程序出示搜查证，也没有证据表明周立波当时同意被搜查。这样一来，警察搜查获得的证据都被法庭作为非法证据加以排除，无法用于定罪。

可见，当案件中多了“警察没有出示搜查证”这个新的事实，之前铁一般的事实就会被动摇。在法律中，当一个新的事实和之前的事实相冲突，就有可能导致铁证也“生锈”。法律人想要发现足以定案的事实，有些时候真是难于上青天。

此处必须强调一下：在普通人看来，警察找到铁证或者破了案就是发现事实了，但在法律人眼中，这只是发现事实的开始，只有经过审判的一系列程序，才能够获得最终用来定案的法律事实。

构建事实：为什么说证据是一整套制度？

法律里的事实不是生活中的事实，在疑难案件中，发现事实更是难上加难。

既然发现事实这么难，法律人该怎么办？也许有人会说，可以提升技术水平，加大人力物力投入，尽力去发现案件的真相。

但在法律人看来，这些都不是特别可行的方案。首先，指望技术进步，永远是远水解不了近渴。毕竟手头上有那么多案件，无法等到大数据技术和摄像头全面覆盖的时候再来破解案件。其次，指望加大投入也不太现实，因为那样会增加巨大的社会成本。任何社会都有海量的问题需要解决，人们不可能指望为了发现真相就大幅提高司法系统的财政预算；而在有限的人力物力之下，侦查资源很难完全服务于整个社会。再次，如果一味地追求所谓事实真相，还有可能让很多与案件无关的社会成员丧失自由和隐私。司法系统不能为了破案，把疑似相关的人员都拉来审问，甚至把普通人的日常生活全都监控起来。

那怎么解决这个问题呢？法律人开了个天大的脑洞：既然发现事实如此困难，干脆就减少司法审判对事实的依赖，转而在假定信息有限的情况下，通过制度设计来解决纠纷。

看到这里，很多人的第一反应可能是：这也太匪夷所思了吧！实际上，这也是无可奈何的选择。因为在发现事实这件事上，法律人并不比普通人高明多少，却要面对非常艰难的处境，纠纷对于普通人来说是生活的例外，对于法律人来说却是工作的日常。

仅靠某个法官的灵光一闪或者发现真相的决心，无法系统性地解决问题；我们也不能期待每一位法官都像影视剧里的包公、狄仁杰那样有如神助。现代法律体系必须找到一种制度化、可重复的解决方案，而这也是法律人真正高明的地方：在认识到人类认知能力有限、真相无法彻底还原的情况下，通过一套制度设计来解决事实争议。

这套制度设计究竟是什么呢？答案是：证据制度。在法律里面，证据不仅仅是用来证明某种主张的人证、物证等，也是解决事实争议过程中的一整套程序和规则。

就任何一个案件而言，裁判者能掌握的信息都是有限的，但是通过证据制度，裁判者可以依据有限的信息，形成相对合理的确信，尽可能作出让当事人以及利益相关方可以接受的判断。

证据制度其实是一种用限缩思维来确定法律事实边界的办法。

概括起来，证据制度试图努力确认以下三个边界：责任边界、资格边界和程度边界。说明一下，这三个边界是我为了便于你理解，自己从复杂的专业论述中概括、提炼出来的。下面我们一个个来看。

责任边界

责任边界，简言之就是法律会用推定和举证责任制度，尽量把发现事实的任务分配给当事人，而不是法官自己大包大揽。

在法律中，“推定”指的是裁判者预先假定一些事情确定无疑，根本不需要证据证明，以此作为发现事实过程的起点。如果在整个案件的审判中，没有证据或者没有当事人提交证据来反驳此种假定，那么这种推定就会成为发现事实过程的终点。

比如刑事诉讼法里的无罪推定原则就是最为典型的例子。这个原则是说，在没有经过审判和定罪之前，法律假定任何嫌疑人或被告人都是无罪的，不管他们事实上有没有从事犯罪行为。

英美法系里还有一种推定：只要在一封信上填好准确的地址，附上足够的邮资，把它正确投进信箱之后，就假定对方收到了，不管信有没有被寄丢。

德国和一些英美法系国家还会推定，在婚姻中，女方所生的孩子就是男方的子女，根本不需要证据证明。

以上所有推定都是根据某种价值观或者常识来减轻发现事实的负担，让裁判者根本不用费力去追究真相就把事实直接认定了。这看起来有些不讲道理，笼而统之、大而化之地解决问题，没能照顾到每一个案件的特殊情况。但其背后的道理是，如果让法院在每一个案件中都去追究信有没有被寄丢，或者孩子到底是谁的，所要付出的司法成本和社会成本都是巨大的。

或许有人会说，如果能找到反面的证据来反驳，以上这些推定不是也可以被推翻吗？当然可以。推定只是发现事实的前提或起点，并非结论或者终点。推定的事实是可以进一步被追问和质疑的，但是如果想推翻或者超越它就需要举证了。关于举证，法律里设计了一整套制度，统称为举证责任制度。

法律人经常说“谁主张，谁举证”，也就是说，如果你对一些推定不满，认为事实不是像法律假定的那样，那你就得拿出证据来证明，而对方是没有责任证明自己没做什么的。如果你不愿意举证或者拿不出证据，那么裁判者就会按假定的事实来判案，甚至判你败诉。本质上，举证责任制度就是把发现事实的重担转移给当事人。

比如，无论是中国还是美国，在刑事案件里，法律都要求检察官拿出足够的证据排除合理怀疑，让法官或陪审团相信被告铁定犯罪了。只要法官或陪审团对事实仍然存在合理怀疑，被告就会被判无罪。此时，无罪推定就会变成无罪判决。

因此，举证责任是真实诉讼过程中的胜负手。在真实的诉讼过程中，所谓责任（burden），就是没有人会乐意承担的沉重任务。因此，法律上规定“谁主张，谁举证”来强制对证明对象负有义务的人去举证。我们一再强调，发现事实在法律里是一项极为困难和棘手的工作，因此谁也不愿意承担此种任务，都试图减轻自己的证明责任。

但是有些时候，对于较为弱势的一方当事人来说，发现事实太过困难，法律还会规定举证责任倒置的情况。《中华人民共和国侵权责任法》中的产品责任就是如此。在一般侵权案件中，如果一个人告他人侵权，想让对方承担责任，就要证明对方有过错。但在涉及产品质量的问题上，消费者只要证明自己因为用了厂家的产品受伤害了，就已经完成了举证责任，而不需要证明厂家有过错。反过来，厂家需要拿出足够的证据证明自己不用承担责任，比如产品没有缺陷，损害是消费者自己造成的，等等。这种制度设计背后的道理是：现代工业生产过程太过复杂和专业，无论是消费者还是法律人都无法获取完整信息来作出最终判断。这个时候，就需要把发现关键事实的任务分配给更熟悉生产过程的厂家，而不是不熟悉生产的普通消费者。厂家此时被法律进行“有罪推定”，它必须尽全力发现事实来证明自己没有责任。

由此看来，无论是推定还是举证责任，都是从任务分配的角度确立事实发现的责任边界。

资格边界

等到举证责任分配完成，下一步就该让当事人提交证据了。这时会有一个问题：是不是证据越多就越有说服力？

答案是：未必。法律同时对证据资格提出了要求。如果证据不符合要求就不会被裁判者采信，甚至会被拒绝进入法庭。这就是证据制度所确立的第二个边界——资格边界。

首先，证据与案件事实之间必须有强有力的关联性。以著名的辛普森案为例，现场发现的血手套、血袜子等所谓的铁证，从法律角度来说都是“间接证据”，证明力太弱。因为这些证据顶多能向陪审团证明，辛普森当天的确去过杀人现场，而如果要证明他杀了人，就必须进行复杂的推理。通过推理来证明案件事实的难度可想而知。因为这不仅要证明辛普森出现在现场，而且要证明他的确杀死了两名受害人，将辛普森出现在现场同被害人死亡在逻辑上进行强有力的关联。而这个案子最让检察官头疼的就是没有“直接证据”，比如目击证人的证言，或者被告的认罪口供，等等。

其次，与事实有强有力关联的证据就一定能被采信吗？也未必。现代法律对证据的合法性也提出了要求，因此形成了一系列的“证据排除规则”。简单来说，就是通过不正当手段取得的证据，或者容易导致裁判者偏见的证据，即便有助于发现事实，也要予以排除，不能用于庭审定案。比如前文提及的周立波案，就典型地应用了非法证据排除规则。未经过合法手续搜查到的证据也不能用来定案。

最后，在英美法系里，一般情况下传闻证据也不能采用。所谓传闻证据，就是控辩双方提交的法庭之外的人对于案情的说法，类似于“我听谁说，怎么怎么样……”为什么要排除此类证据呢？因为说这些话的人无法到法庭上当面对质，他们的话未必可信，会影响裁判者的判断。

再以辛普森案为例，为了证明辛普森有杀害妻子的动机，检察官找来了辛普森前妻生前的日记，里面记录了辛普森的家暴行为和其他种种恶行。但法官却把这些证据排除了，理由是写这些话的人无法出庭接受交叉询问，证据无效。

所以，美国《联邦证据规则》第403条才规定，即便具备关联性的证据，“如果不公正的偏见、混淆争议或误导陪审团的危险实质性超过该证据的证据价值”，亦可排除。换言之，法律要减少那些容易干扰审判，导致事实混乱的信息进入法庭。所有这些规则，其实都是要防止中立的裁判者因为某个证据而产生偏见或分散精力，保证纠纷快速、公正地解决。

程度边界

如果你是案件当事人，提交了种种证据，那么提交的证据究竟要达到什么程度，才能证明你所主张的事实，说服裁判者呢？换个视角，如果你是个裁判者，面对双方提交的种种证据，究竟如何认定事实呢？是不是必须达到无限接近客观真相的程度呢？这就是程度边界的问题，也就是法学里面所说的“证明标准”的问题。

不同的诉讼程序，对证明标准有不同的要求。在刑事案件中，标准比较高，一般要求“排除合理怀疑”：要让法官或者陪审团相信，被告有极大的可能干了那件事，没什么合理怀疑的空间。换句话说，在各种说法中，只有一个是可信的。具体说来，英美法系称为“排除一切合理怀疑”（beyond any reasonable doubt）；我国《刑事诉讼法》第 55 条则规定，法官要“综合全案证据，对所认定事实已排除合理怀疑”。

但民事案件中，证明标准就没那么严格。大陆法系一般的要求是“高度盖然性”，也就是高度可能性。例如，我国《最高人民法院关于适用〈中华人民共和国民事诉讼法〉若干问题的解释》第 108 条中规定：“对负有举证证明责任的当事人提供的证据，人民法院经审查并结合相关事实，确信待证事实的存在具有高度可能性的，应当认定该事实存在。”这就是一种“高度盖然性”的标准。英美法系则采用“优势证据”（preponderance of evidence）标准：只要陪审团相信，基于双方提交的证据，一方对于事实的说法比另一方更有可能，这种说法就被认定为事实。

你可以把不同的证明标准理解为不同的尺子。同一个案件，同一套证据，拿不同的尺子去量，结果会有所不同。在真实的诉讼中，证明程度的边界，很多时候会成为胜负手。

拿著名的辛普森案来说。我们都知道，辛普森本人在刑事案件中，最终被陪审团认定为无罪。这很大程度上是因为，提交到法庭的证据无法排除陪审团心中的合理怀疑，无法让他/她们对辛普森杀了人确信无疑。

但在随后的民事诉讼中，基于基本相同的一套证据，辛普森最终被陪审团认定为对两名受害者的死亡负有责任，需要赔偿受害者亲属等共计 3350 万美元。其实，两场诉讼结果的不同，很大程度上是因为民事案件的证明标准要比刑事案件更低：陪审团只要相信辛普森更有可能杀了人，就可以认定事实，而不必“排除一切合理怀疑”。

根据证据制度设置的三重边界，我们就可以对事实和真相有更深层的理解。

人们常说，要突破边界束缚，才能找到问题的解决之道。但法律人的思维恰恰相反——只有设定清晰的边界，才能找到问题的解决框架。法律人更相信精密的制度设计，同时保持对理性的有限尊重；法律人寻求的不是完美方案，而是相对不那么坏的解决问题的方案。

加工事实：为什么没有脱离法律的事实？

在无比复杂的事实面前，为了让法律保持良性运行，法律人会通过证据制度和规则尽量减少对事实的依赖。但这样还不够，仍然有一个困境摆在法律人面前：解决法律问题的时候，有时候难点不在于缺少事实，而在于重点不清，无法找到问题的关键。

这个时候，法律人就要根据法律知识的范畴，对事实的各种细节作出取舍。具体而言，法律人会通过剪裁、折叠和重构三种手法来加工事实，使得事实能够按照相应的法律进行处理。

剪裁：哪些事实重要，由法律范畴说了算

实际上，每一个纠纷都会涉及很多信息。事实的细节就像混杂的沙子一样，必须用法律的筛子才能滤出金子来。而此处所说的“金子”，就是法律人所说的“重要事实”。请注意，重要事实不同

于普通人所讲的事件经过。法律人要从杂乱无章的信息中，通过“剪裁”的手法，突出主线，划定重点。简言之，就是剪掉不重要的事实，留下重要的事实。

例如，《秋菊打官司》这部电影是法律人经常谈论的经典作品，也影响了社会公众对法律的看法。现在老百姓在维权的时候，甚至也会套用秋菊的话：“我要讨个说法。”但从法律的角度来讲，秋菊要的“说法”究竟是什么呢？

我们先简单回顾一下故事的经过。故事发生在中国西北的一个小山村，秋菊的丈夫为了自家承包地和村委会主任发生了争执，气不过的时候，骂村委会主任断子绝孙。而村委会主任已经有四个女儿，苦于一直没儿子，于是一怒之下踢中了秋菊丈夫的要害，导致他卧病在床，无法干活儿。

而秋菊是个有主见的女人，即使怀着六个月的身孕，也要为丈夫讨个说法——其实就是想让村委会主任公开给自己家道个歉。但是村委会主任却认为自己没错，一直端着架子，拒绝道歉。

于是，秋菊就告到乡政府。经过乡政府李公安的调解，村委会主任答应赔偿秋菊经济损失。但是等秋菊去村委会主任家取钱的时候，村委会主任却把钱扔到地上，要羞辱秋菊一番。受辱的秋菊没有捡钱，而是转身离开。为了让村委会主任道歉，她又开始了漫长的告状之路，先后到了县公安局和市里，最后向法院起诉。

但是案子还没出结果，秋菊难产了，村委会主任带人冒着大雪，走了几十里山路把她抬到县医院，最后母子平安。就在秋菊为表达谢意而准备邀请村委会主任来喝满月酒的时候，警察却把村委会主任带走了。为什么？因为秋菊丈夫的 X 光片结果出来了，肋骨骨折，村委会主任构成了“轻度伤害罪”（电影中如是说，但准确地说，应为轻微伤，并不构成犯罪，只适用治安处罚），要行政拘留 15 天。电影在秋菊的一脸困惑中结束了。

这就是秋菊的故事。在这个故事里，关于村委会主任踢人这个事实，双方是没有争议的，但问题是哪些事实在法律的范畴里才是重要的。

秋菊看重的是“不能断子绝孙”这种天理，所以她一直强调的重要事实是：她不介意村委会主任踢人，但是不能踢她丈夫要命的地方，所以才要去“讨说法”。换言之，如果伤情一样，秋菊认为踢要命地方的行为要比踢屁股或者后背的行为严重很多。

但公检法并不承认秋菊自己的计算方法，因为法律上的关键事实并不是踢到哪里了，而是踢成什么样了，是轻微伤、轻伤，还是重伤？经过鉴定，秋菊丈夫的肋骨骨折，构成轻微伤，足以拘留村委会主任。

你看，在这个案子里，虽然秋菊提供了一大堆事实和相关信息，但是都不足以引起法律上的后果，所以统统被法律剪裁掉了，只剩下一个重要信息：伤有多重。这才是能够决定案件性质和处理结果的重要事实。

我在耶鲁大学的导师保罗 ·W. 卡恩教授曾说，事实从来不是独立于法律而存在的。法律人眼中的事实，是具有法律意义的重要事实，其他的细节则是可有可无的。

折叠：事实可以通过法律重新陈述

在真实的案件中，法律人不但会剪裁事实，还会折叠事实：特别突出一些信息，将不重要、无关联的信息进行隐藏，只呈现关键性信息以支持自己的核心主张。

耶鲁大学法学院曾经有一个教授杰弗里·哈扎德（Geoffrey Hazard），就是这方面的高手。他之前在加州大学伯克利分校法学院教书的时候，曾经代理过一个案子，就运用了折叠事实的手法。

1960 年，伯克利分校法学院的一名黑人学生和妻子想租房。他们在报纸上看到一则广告，说城区里有公寓出租，于是联系了房主。房主答应安排看房，一切都很顺利。当两个人看中一套房子，表示要租住时，房主却说这套房已经答应租给别人了。于是房主又带他们看了另外一套房子，他们又看中了，但是房主又说这套房也答应租给别人了，如果明天别人不租，再打电话联系。

这个时候，黑人学生就觉得不太对劲了，开始怀疑房主有种族歧视。他们联系了自己的白人朋友，假装来租房。白人朋友和房主联系，说他们也是一对夫妇，也是丈夫读书，妻子工作，等等，结果房主立即说可以出租。这下房主的种族歧视算是坐实了。

到此为止，事实都很清楚。但问题是如果要起诉房主，该以什么理由起诉？黑人学生本身就是法学院的学生，他很快找到了加州法律里的一条规定：“所有在本州管辖权内的公民，都可以平等地使用所有的商业建筑或者设施。”简单来说，在使用商业建筑这件事上，不能搞种族歧视。

这名学生一看，法律规定的很清楚，所以他连律师都没请，自己写了个诉状，强调房主仅仅因为肤色就拒绝租房。他还找了相关证据，证明房主的公寓获得了市政府的商业用房许可证，属于商业建筑。他觉得这个官司自己赢定了。

结果，房主的律师立即反驳：房子虽然是商业建筑，但并没有商用，而是房主自己一直在居住，因此并不违法。该学生发现，这么发展下去别说胜诉了，就连立案都困难，因为要在法庭立案，就必须有案由，也就是原告足以证明自身权利受到侵犯的理由。

于是，这个学生就找到了自己的老师，也就是上文提过的哈扎德教授出手相助。教授果然是高手，他只改了起诉书的两个地方，效果立马不同。

第一，原告是美国公民，也是加州居民，在租房时受到歧视。这么一来，教授把原告是学生、是黑人这两个信息都折叠了。为什么？因为前文提到的法条里强调的是“所有在本州管辖权内的公民”。这里并没有提到“黑人”或者“学生”这些身份，重要信息是“管辖权”和“公民”。因此，起诉状必须强调这对夫妇都是“美国公民”，其他信息都不重要，加上了反而不能突出重点。

第二，被告的房产是用来“谋利”的。教授把“商业建筑”这个信息折叠了。为什么？因为那套公寓究竟是不是商业建筑，法律根本没有明确定义，有很大的解释和争论空间，因而结果很不确定。但是，如果在起诉状里说这套房子是用来谋利的，那么这种说法就没有任何问题，因为毕竟这套公寓现在正在出租，当然是用于谋利的。这样说不但符合事实，还能使法官往“商业建筑”上联想，原告的胜算就变得更大了。

于是，经过教授的精心折叠，问题被转换了，事实产生了微妙的法律效果。最后，这对黑人夫妇胜诉。

由此看来，**法律人处理事实就像是剪纸：不但把不重要的地方剪掉，而且巧妙地把对方关键的地方折下去，而留下对自己有利的重要方面，并且翻折上来，予以突出**——呈现出一种立体的面貌，从而能够影响裁判者的观感。只有这样，才能更贴近法律规定，增加胜诉的可能性。

重构：选择描述事实的语言，重构人们对事实的认知

除了剪裁和折叠，顶级法律人还有更厉害的一招：用精心挑选的语言和笔法来描述事实，从而重构人们对事实的认知，重新界定事实的意义，影响案件的最终结果。

2007年，美国最高法院有一个重大案件（*Gonzales v. Carhart*）[3]，该案件涉及的问题是，法律是否应该禁止一种在怀孕晚期采取的手术，叫作“部分分娩流产手术”（intact dilation and extraction）。用日常语言来说，这种手术就是在胎儿已经基本成形之后，用手术钳把胎儿取出来。

实际上，这种手术极为专业和复杂，涉及了大量的医学知识，

如果用医学术语来描述，非专业人士（包括大法官在内）都会如坠迷雾。因此，大法官们也得先搞清楚此类手术究竟是怎么回事，才能判断它的合法性问题。于是，等案子打到最高法院后，几位大法官就在到底用什么语言来描述手术这个问题上争得不可开交。

美国最高法院一共有九位大法官。通常来说，一个案子经过庭审之后，九位大法官会召开内部会议，各自发表意见，最后通过投票作出判决，五票或五票以上的意见才能代表法院的最终意见。所以，大法官之间也会相互说服，让自己的意见能得到多数法官的支持。

于是，希望禁止这种手术的大法官就用了日常语言来描述它。其大致意思是说，在“怀孕晚期”，“堕胎医生”（请注意这个称呼）先把孕妇的子宫颈扩张开，之后把孕妇麻醉，将手术钳伸进子宫，把“未出生的婴儿”（请再注意这个表述）的脑壳敲碎，然后把脑浆吸出来，再用手术刀把未出生婴儿的胳膊和腿都肢解掉，把躯干夹出来，最后把剩下的碎骨头、碎肉取出来。

如果是非医学专业的人，听到这段描述肯定会觉得毛骨悚然：什么“堕胎医生”？简直是魔鬼！这种手术骇人听闻，活该被禁止！

没错，这其实就是大法官想要的传播效果。他们通过日常语言，把这种极为专业的医疗方法，重构为一种极其残忍的杀人手法，而且杀死的还是“未出生的婴儿”（请注意，这里直接把胎儿称为“婴儿”）。所以，最终这种意见得到了多数大法官的支持；

美国最高法院宣判：联邦政府可以通过法律禁止这种堕胎手术。

但支持堕胎权的少数派大法官却不同意多数派大法官的描述语言。他们认为这种日常语言的描述手法很容易误导人们，从而产生对这种堕胎手术的偏见和憎恨。大法官们应该用医学专业语言来描述，而不应该用“堕胎医生”“未出生的婴儿”“脑壳敲碎”等容易引起情绪反应的词语，否则就不利于理性的思考和判决。

然而，在生动的日常语言面前，多数大法官都支持了禁止这种堕胎手术，这就是事实。少数派就是输在了这一点上。当然，可能有人会觉得此种做法具有不合理之处：负责裁判纠纷的大法官都可以夸大部分事实、引导裁判结果，更何况为一方当事人利益服务的律师？实际上，此类问题在实际的法律运作过程中，是可以通过双方（无论是两派大法官还是原被告律师）的相互对抗来予以避免的——棋逢对手、将遇良才。而恰恰是在一场势均力敌的对抗中，法律人才会亮出十八般兵器，其中就有描述事实的技巧。

通过这个例子，我们就能更好地理解哲学家路德维希·维特根斯坦（Ludwig Wittgenstein）的名言：“我的语言的边界意味着我的世界的边界。”（“The limits of my language mean the limits of my world.”）[4]顶级的法律人就是通过语言来塑造世界、重构世界的高手。事实虽然是一样的，但不同的语言能够把事实建构为不同的认知世界。

嵌套事实：为什么贴法律的标签很重要?

在法律的范畴内取舍事实的各种细节，是法律人的基本功。经过剪裁、折叠、重构的事实虽然已经足够清楚，足以凸显重点，但事情还远远没有结束。很多时候，法律人还需要将剪裁、折叠和重构之后的事实放到更大的背景之中，贴上意义的“标签”，从而达到最终的效果。

实际上，如果你有咨询律师的经验就会发现，面对一个复杂问题，好的律师不会快速给出答案，而是会耐心倾听细节，不断提问。这不只是为了找到重要的事实，更关键的是，他要确定这个纠纷是什么性质，要通过哪种法律和哪些规则来解决才会更好。因此，法律人如何给事实定性，就是一门特别的学问。

事实并不自带标签，需要法律人开脑洞

法律人在处理案件时首先面临的一个问题是，法律门类极其多，怎么适用?

法律门类中除了常见的民法、刑法、行政法，还有宪法、经济法等，仅从民法中就可以分出物权法、合同法、侵权法甚至知识产权法，而且每一门法律里涉及的条文都是浩如烟海，甚至还有数量庞大的案例和解释。

在很多情况下，一个案件可能涉及很多规则，法律人未必一下就能找到唯一的法条去对照处理。这个时候，先给事实定性、贴标签就变得非常重要，这一步甚至是处理案件的前提。

发生在 2006 年的许霆案就是个典型的例子。[5]

许霆案在当时引起了全社会的激烈讨论。案件的基本事实本身并无争议：一位名叫许霆的年轻人，在广州一家银行的 ATM 机上取钱。他取了 1000 元之后，发现 ATM 机只显示取了 1 元，随后他就利用这个故障，先后一共支取了 17.5 万元。事实非常清楚，但是问题在于，许霆的行为在法律上究竟是什么性质?

事后我们都知道了，法院把它算作刑事案件，以盗窃罪判处许霆有期徒刑 5 年。

但是，很多法学家和律师都主张，这或许是个民事案件。道理很简单：许霆第一次取钱的时候，多拿了 999 元。按照民法的术语，这叫作“不当得利”，就是在没有合法依据的情况下，自己

得到了利益，而别人受了损害。

那他后来明知机器有故障，还继续取钱，又算什么？在民法上可以算是侵权行为，也就是侵犯了银行资产。如果按民事案件判决，许霆案的结果可能就是返还资产加惩罚性赔偿。

因此，关于许霆案到底是个刑法问题，还是民法问题，法律人内部一直存在争议。我们可以从中看出，给案件贴上不同的标签，判决的结果就可能完全不同。**现实世界发生的事情通常是不规则的，无法把它们直接放入法律的条条框框里去处理。**法律人得先给案件事实贴上标签，才能去找相关的法律条文，论证自己的道理。

事实并不自带意义，需要设定语境

那么，法律人针对同一个事实，具体如何贴标签呢？

顶级法律人的方法是：设定语境，嵌套事实。所谓“设定语境”，就是给一个案件事实补充更多的事实，把它放到更大的背景下去确定它的性质和意义。要知道，同一个东西被放到不同的背景里，效果完全不同。这就好比一个蛋糕放在面包店里不起眼，但放在烛光晚餐的餐桌上，肯定大有深意。

美国最高法院曾经在 1952 年审判过一个著名的钢铁厂征用案（*Youngstown Sheet & Tube Co. v. Sawyer*）[6]。事情是这样的：朝鲜战争期间，美国发生了严重的钢铁厂罢工事件。由于钢铁是战略物资，时任美国总统杜鲁门就想赶紧解决问题：一开始他让资本家给工人涨工资，但资本家不同意；后来，杜鲁门出于无奈颁发总统令，强制征用钢铁厂，将其收归国有。钢铁厂的厂主不服，于是就把杜鲁门告到了法院。最终，美国最高法院宣判：杜鲁门总统颁发的总统令违反《美国宪法》，因而无效。但在整个审判过程中，决定判决结果的关键，不是围绕案件事实本身的争议，甚至也不是某个具体的法律规则，而是大法官们如何设定征用钢铁厂这一行为的语境。

具体来说，《美国宪法》里并没有明确规定，总统是否有权征用钢铁厂，因此无法直接套用法条进行判断。于是，问题的焦点就变成该用什么规则来判断，而语境的设定就决定了规则该如何选择。

从原告钢铁厂老板的角度来看，事情很简单：杜鲁门的行为就是非法征用，未经正当程序侵犯了公民的财产权。

但是对于大法官们来说，事情可没那么简单。他们的首要任务是设定事件的背景。简单来说，总统的征用行为，到底应该放在罢工的背景下来看，还是放在战争的背景下来看？这是他们之间争论的核心。正因为问题十分复杂，这个案子最终的判词也非同寻常：它是美国历史上为数不多的九位大法官都发表了意见的案子。

一些大法官认为，事情的背景不是劳资矛盾（罢工），而是国家安全（战争）。在这些大法官的视野中，朝鲜战争是钢铁厂被征用的重大背景。而且，朝鲜战争爆发两年间，美军已经牺牲了 10 万人。如果这样理解，总统就是国家的保卫者。总统作为三军总司令，为了保卫国家安全，征用钢铁厂是很有必要的战略行为。而且在更大的背景中，朝鲜战争是冷战的一部分。之前，国会已经批准了“马歇尔计划”，授权总统与苏联展开冷战，捍卫西方阵营，所以杜鲁门总统的行为，意义再怎么强调也不为过。

但在另外一些大法官的眼中，案件的主线剧情却不是国家安全，而是劳资矛盾。杜鲁门总统是为了解决罢工问题，才下令征用钢铁厂的。如果这样理解，人们就得追问，美国的劳动法是否已经授权总统征用钢铁厂的权力？当然没有。虽然总统有权解决重大劳资矛盾，但其权限范围并不包括直接征用钢铁厂这种行为。

由此看来，大法官们的争论核心，就是个事实定性问题。到底是国家安全问题，还是劳资矛盾问题？这个问题的答案，直接决定了判决结果。最终，第二种看法获得了大多数法官的支持，法院宣判杜鲁门无权征用钢铁厂。

所以，法律人相信哲学家约翰·杜威（John Dewey）的洞见，事实在自己的脸上并不自带意义。[7]如何设定语境、补充事实非常重要，甚至能直接决定案件的处理结果。

顶级的法律人，就是能够把一个确定的事实放在不同的生活经验中，讲出不同的故事，从而引向不同的处理结果。

在更大的语境中给事实定性

更进一步来说，顶级的法律人不仅要把案件事实放到现实语境中去定性，有时候甚至要放到历史语境中去定性，以此来支持自己的主张。

2015 年，美国最高法院宣判的同性婚姻案（*Obergefell v. Hodges*）[8]就是个典型的例子。这个案子当时轰动了全世界，因为它不但改变了美国 200 多年的婚姻传统，甚至改变了人类以往对于婚姻的基本定义——婚姻变成两个个体之间的结合，而非之前认定的仅限于异性主体之间的结合。

虽然这个案件意义重大，但案件的事实却很简单：美国有一些州的法律禁止同性婚姻，拒绝给同性伴侣做结婚登记。申诉人是一些同性伴侣。他们认为，这些州的法律侵犯了公民自由和平等的宪法权利。最终九位大法官以 5∶4 的投票结果支持了申诉人的请求，事实上就等于承认同性婚姻在美国全境彻底合法化。那些支持和反对的大法官都撰写了很长的判词，因此判决意见超过了 100 页。

最有意思的一点是：大法官们不仅就法律问题争论得一塌糊涂，甚至在“婚姻的本质到底是什么”这个事实问题上展开了争论。他们不是抽象地谈论这个问题，而是要把婚姻放到世界历史的语境中去理解。换言之，大法官们像历史学家和哲学家那样在探讨，在人类漫长的文明史里，婚姻到底是什么。

少数派大法官认为，婚姻从人类文明开始就是异性的结合，无论结婚的人身份怎么变化，婚姻的异性结构从未改变。那么，为什么人类的婚姻必须是男女结合？首席大法官约翰·罗伯茨说，因为婚姻的目的是传宗接代。无论是最早的布须曼人还是阿兹特克人，自古以来都是如此。换言之，婚姻是一项公共政策，不是个人能自由决定的。正是因为能维持人口繁衍，维持社会存续，社会才会承认两个人的婚姻身份，并提供相应的权利保护和福利待遇，比如减税。从这个角度来看，同性婚姻当然不能被法律允许。

但是多数派却不这么认为。在这些大法官的眼中，婚姻的历史呈现出另外一种面貌：人类的婚姻制度一直都在不断演化和进步。比如，现代的自由恋爱取代了传统的包办婚姻；从前美国禁止黑人和白人通婚，后来经过美国最高法院的判决，允许种族通婚。随着时代发展，婚姻制度也在不断改变，从未一成不变。如此说来，同性婚姻也只是婚姻制度演变的一个新类型，而并非异端。

大法官们争来争去，其实都是把同性婚姻这个事实，嵌入文明史这个更宏大的历史事实中，他们争夺的是婚姻制度的定义权。

对于多数派来说，婚姻的历史是不断进步的，同性群体争取婚姻权利是历史进步的一个新阶段。对于少数派来说，婚姻的定义亘古不变，都是男女结合，同性婚姻是对人类婚姻制度的根本颠覆。

有意思的是，安东尼·肯尼迪（Anthony Kennedy）大法官执笔的多数派判词中，甚至引用了《礼记》中的话："昏礼者，礼之本也。"大意是说婚姻是社会规范的基础。要知道，这种情况可是极不寻常的，因为在美国法律传统中，判词里极少引用外国法和国际法，更别提其他文明的经典了。

那么，肯尼迪大法官为什么引用中国古代经典中的话？他其实就是要暗示，我们在考虑美国的婚姻制度时，必须认识到美国已经是个文化极其多元的社会，不能按照美国主流文化，甚至不能按照西方主流文化来考虑婚姻问题，否则视野就会过于狭隘。我们应该考虑其他文明，甚至包括东方文明。

所以，顶级的法律人能够超越案件本身，甚至超越当代的社会背景，通过定义历史，重新定义案件的事实。当然，此处必须说明的是，即便是顶级法律人，在重新界定事实意义的时候，也必然会受到人类基本价值、社会共同观念乃至职业伦理规范的限制——并非只要能言善辩，便可以为所欲为。判断重新定义案件事实是否成功，最终取决于听众和观众（无论是法律人职业共同体还是整个社会）是否接受与认同。

想点大事

在发现事实这件事上，法律人面临独特的困境：一方面，在疑案之中，还原真相几乎是不可能完成的任务；另一方面，无论事实发现到何种程度，都必须在有限时间内给出解决方案，化解矛盾。

于是，法律人设计了一系列制度，来减少裁判者对事实的依赖，让客观真相不再是最终判案的绝对必要条件。无论是证据制度，还是举证责任，都是把发现事实的重任转移出去，以便能够得出判断。诚然，这些方法获得的认知结果，同客观真相并非百分之百一致，无法达致最优；但这也是目前人力可及的、最大限度接近客观真相的解决办法。

当然，仅仅如此，仍然不够。法律人会在已有事实的基础上，通过剪裁、折叠和重构等方式对事实进行聚焦，对标相应规则，以找到更好的解决方案。而且，哪怕是相同的事实，更高级别的法律人还会贴上不同标签，放到不同背景中去塑造其意义。

在日常生活中，我们经常希望弄清楚客观真相，甚至将其当成解决问题的必然依据，为此常常陷入画地为牢的困局。法律思维会告诉你，在很多情况下，我们无法做到超出自己能力的事情。我们必须思考如何在不明真相的情况下作出最不坏的——而不是最好的——决策。我们也要明白，很多时候，对于结果来说，如何讲述事实或许比事实真相本身更为重要。

第三章

规则的制定与使用

THINK BIG AND BEYOND YOURSELF

从本书一开始我们就强调，法律的核心内容是规则。那么，法律人是怎么理解规则的？他们在制定规则时都有哪些考量？为什么有些看似简单的问题却迟迟不能立法？面对海量的法条，法律人是怎样选择，又是如何使用的？这一章，我们就来看看法律人在制定规则和使用规则时拥有什么样的智慧。

法律语言：为什么要刻意制造模糊？

我们知道，在法律领域内任何规则都是用正式的书面语言写就的，因此法律规则在遣词造句上大有讲究。法律语言学家戴维·梅林科夫（David Mellinkoff）曾说，“法律是一门语言的职业”[1]。

由于法律规则要达到的目的是“定分止争”，人们自然会产生一种关切，那就是在制定规则的时候，应该尽量选用精确的语言，最大限度地排除含混和歧义。只有这样，法律的适用才能趋向统一，也才能保证公平。

然而在现实中，法律语言却总是不可避免地带有模糊性，无法做到人们想象中的精确。更令人意外的是，立法者有时候还会刻意制造模糊，以保证某些法律能够顺利出台。

下面我们就来看看，为什么模糊性在法律语言中难以避免？立法者刻意制造模糊又是出于哪些考量？

为什么模糊性难以避免

法律语言之所以带有不可避免的模糊性，根源在于人类语言本身具有模糊性。简单来说，**人们对语言的解释不取决于语言本身，而取决于在何种语境中进行理解，一旦语境不同，同一个词也会产生不同的含义。**在一些复杂案件中，这一问题会更加突出，甚至日常看起来非常精确的语言，其含义也会因为复杂的案情变得异常模糊。

举例来说，美国最高法院曾经处理过一个著名的案子（*Nix v. Hedden*）[2]，这个案子涉及一个看起来十分无聊的问题：西红柿是水果还是蔬菜？

很多人可能觉得：这也太荒谬了，全美最高级别、最权威的司法审判机构怎么能把时间和精力花在这样的问题上？法律人也太没事找事了吧？但正是这个看似无聊的问题，构成了案件争议的核心。

1887 年，四名商人状告纽约港的一名海关税收员，因为他们经营的公司从西印度群岛进口了一批西红柿，而在抵达纽约港的时候，这批西红柿被征收了 10% 的关税。纽约海关征税的依据是美国 1883 年《关税法》里的规定，即对于蔬菜征收关税，水果则可以免缴。纽约海关认为，西红柿是蔬菜，不是水果，因此商人应该依法缴税。

然而，四位原告却认为，英文里“fruit（水果）”这个单词，其意思是植物的果实。西红柿自然是植物的果实，应该属于水果，因此不应该被征税。为了证明自己的观点，原告的律师查遍资料，并且从权威的《韦氏词典》（*Webster's Dictionary*）等英语词典里摘取段落，找到了“水果”的定义作为证据：水果就是植物的种子，或者植物中包含种子的部分，尤其是某些植物中包含种子的、柔软多汁的产物。原告的律师认为，按照此种定义，西红柿显然属于水果。

但是，纽约海关的律师同样据理力争，也从《韦氏词典》里找到了相关条目作为证据，证明植物的果实未必都是水果。比如，按照词典的定义，豌豆、茄子、黄瓜、西葫芦、胡椒等，虽然都是植物的果实，却被明确界定为蔬菜——西红柿也该是如此。

这么一来，“西红柿究竟是水果还是蔬菜”这个问题就变得十分关键，其答案直接决定了四位原告能否追回税款。最后，九位大法官一致判决，西红柿应该被列为蔬菜，征收关税。

大法官们的理由是什么呢？虽然从植物学的角度来看，西红柿是植物的果实，符合词典里“水果”的定义。然而，大法官们援引过往的案例和证据法相关著作认为，词典条目只能作为法院理解问题的辅助手段，而不能作为直接证据。因此法律只能以日常意义来界定西红柿到底是蔬菜还是水果。

在日常意义上，蔬菜更多的是一种烹饪上的分类，而不是植物学上的分类。在西餐中，西红柿与土豆、胡萝卜、卷心菜、芹菜、生菜等一样，配合主菜被人们食用，但它几乎不会像水果一样被放在甜品里食用，因此西红柿应当被算作蔬菜。

你看，就连我们日常食用的西红柿，一旦涉及具体的法律问题，其性质都会变得非常模糊。原因在于，在一个具体的诉讼里，西红柿是什么不取决于西红柿本身，而取决于在打什么官司，在什么语境中进行理解，这都需要法律人通过解释法律进行判断。

实际上，这个案件并非特例。面对法律语言的模糊性是法律人的日常。英国法官曼斯菲尔德勋爵（Lord William Murray Mansfield）甚至说过，“世界上的大多数纠纷都是由词语所引起的”[3]。

为什么要刻意制造模糊

除了语言本身造成的模糊性，我们还会发现立法者在很多时候甚至会刻意制造模糊。比如，法律中经常会出现“必要”“适当”“严重”“轻微”“数额较大”“数额巨大”“数额特别巨大”之类的词语或者短语，它们的具体意思从字面上来看都很不明确，需要结合具体的案件进行判断。

曾经担任牛津大学法学院院长的法学家蒂莫西·恩迪科特（Timothy Endicott）在《法律中的模糊性》（*Vagueness in Law*）一书中总结道："法律通常是非常模糊的，以至于法律的要求在具体的案件中经常是不确定的。"[4]

很多人一定会对此感到困惑：既然法律语言容易产生模糊，为什么立法者就不能在制定规则的时候尽量写清楚呢？要解答这个问题，我们必须反过来问：是不是法律语言越精确，在现实中的争议就会越小？答案是：未必。实际上，立法者在制定规则时会有多方面的考量，比如时间、灵活性和建设性。

首先是时间的考量。

即便立法者在制定规则的当下，尽力做到了用语精确，但是随着时代的发展变化，费尽心力制定的精确规则也会变得意义不清，甚至无法继续适用。

回到前文那个有关西红柿的案子，我们设想一下，即便19世纪末的美国《关税法》通过列举的方式，明确地将西红柿纳入蔬菜的范畴，西红柿是不是属于蔬菜的问题还会再度浮现。比如，近年来，我国东北地区新培育出来一种西红柿的品种，叫作"绿腚番茄"或者"草莓番茄"。这种西红柿口感非常出众，酸度和甜度都非常高，因此几乎没有人会拿它做菜，而是把它当作水果来食用。如果这种西红柿出口到美国，美国海关到底该不该征税，也会引发争议。就算之前的美国《关税法》明确规定了西红柿是蔬菜，但随着新品种的出现，这一规定也会面临挑战。法律仍然无法做到立法者想要的那种精确性。

更麻烦的是，世界上有成千上万种水果、蔬菜，如果在法律里逐个进行界定，并且每出一个新品种就重新界定一次，法律就得年年修、月月改，这显然不现实，还会有损于法律的稳定性和权威性。

以上还只是一个思想实验。在现实中，因为时间推移而导致法条语词的意义变模糊的例子比比皆是。例如，“婚姻”这个词语在法律里究竟是什么意思？100 年前，几乎所有国家和社会都会将其理解为异性之间的结合，肯定不包括同性之间的结合。然而到了现在，随着人们道德观念的逐渐演变，很多国家或者地区已经将同性婚姻合法化（比如美国和荷兰等），容纳了同性之间的结合，给予其婚姻相关权利的保护。法条的文字和措辞并没有变，但其意义却随着社会的发展和时代的变化而发生了改变。

在这里要明确的是，法律规则不是合同条款，一般没有有效期的概念。无论哪个国家的法律，都是要使用很长时间的，很少有法律会规定“本法律在 X 年 X 月失效”。所以，哪怕立法者在制定法律的时候使用了在当时看起来非常精确的语词，其意义都会随着时间的推移变得模糊不清，甚至法律对一件事情规定得越精确，就越容易过时。面对时间的挑战，立法稍微规定得模糊一些，反倒能让法律用得更久一些。

其次是灵活性的考量。

灵活性的考量，也就是法律如何应对变化多端的现实生活。

打开任何一部法律，我们都可以发现意思模糊的词语。比如，我国《公司法》第 18 条规定，“公司应当为本公司工会提供必要的活动条件”。那么什么叫“必要”？究竟公司要提供什么样的会议室或者活动场所才符合“必要”的条件？意思颇为模糊。而该法第 51 条第 1 款规定，一般的公司要设立监事会，但“股东人数较少或者规模较小的有限责任公司，可以设一至二名监事，不设监事会”。问题又来了：什么是“规模较小”的公司？是指人数少，还是注册资本少？这些都没有进一步的明确规定。《刑法》里也有很多类似的例子，比如《刑法》中的很多法条使用了“必要限度”“情节轻微”“重大损失”等极度模糊的词语。

普通人经常会批评法律规定得太过模糊，以致在遵守的时候无所适从。那么，立法者使用这些模糊的词语，背后的考量又是什么？

立法者的考量是，在现实当中，法律根本无法规定清楚。如果强行规定清楚，反倒会使法律规则异常僵化，无法应对变化多端的现实生活。

假设你是一名立法者，规定只要一家公司的注册资本在 500 万元以下，职工人数在 200 人以下，就可以不设监事会。这样的规定看似非常清楚，但是问题马上就出现了：在一些发达省份或者地区，注册资本在 500 万元以下的公司的确可以算作小公司；但在某些欠发达地区，此类公司可能就是大公司了。这个时候，法律就完全没有空间应对复杂多变的现实局面，适用性会变得非常差。

所以，法律常常不是为了妥协才故意模糊，而是为了能用才故意模糊。立法者用类型化的语言作出规定，然后把解释权和判断权一级一级地下放给行政机关，让这些机关出台相应细则，或者让司法机构在具体的案件中行使自由裁量权进行解释和判断，这样才能真正解决问题，也才能让法律适应未来的社会变迁，而不至于频繁修改。

最后是建设性的考量。

建设性的考量，也就是说，在意见分歧较大的情况下，为了能将法律制定出来使之顺利通过，立法者有时会使用较为模糊的语言，将不同人的意见容纳进来。

《美国宪法》的第二修正案就是典型的例子。这个修正案看似陌生，但它所涉及的事情——美国的持枪权问题——却是众所周知的。只要我们浏览国际新闻，就能不时地看到美国枪击案的发生。2017年，拉斯维加斯还发生了美国历史上最严重的枪击案，一名白人枪手从酒店高层向楼下演唱会现场扫射，致使59人死亡，851人受伤。

既然如此，美国为什么不禁枪呢？美国人难道看不到持枪带来的严重危害吗？要回答这个问题，我们就得看看《美国宪法》第二修正案。我们发现这个修正案的条文实在太奇怪了："训练有素之民兵乃保障自由州安全之所需，人民保有及佩带武器之权利不得被侵犯。”（“A well regulated Militia, being necessary to the security of a free State, the right of the people to keep and bear Arms, shall not be infringed.”）

需要注意的是，在这句话中，前半句的意思是说民兵对于州的安全很重要，也就是民兵条款；后半句是说人民有保有及佩带枪支的权利，也就是持枪条款。两个条款之间并没有一个明确表示逻辑关系的连接词，因此可以理解为因果关系，也可以理解为并列关系。

很多人或许会问，纠结这个连接词有什么实际意义？

实际意义非常大。因为这关系到一个实质问题：持枪到底是民兵成员的特殊权利，还是一项普遍的个人权利？如果前面的民兵条款和后面的持枪条款是因果关系，那么就可以解释为：那些有资格成为民兵的成员——也就是男性、能够打仗的人——才有权持枪，其他人无权持枪。如果不是因果关系，而是并列关系，那么就可以解释为：持枪权是每个人都享有的一项普遍权利。

这个条文之所以写得如此别扭，就是因为在它的制定过程中，美国国会里存在重大分歧。其中一派是共和主义者，他们认为持枪是为了国家打仗，因此持枪权应该是民兵特有的权利；另外一派是自由主义者，他们认为持枪是公民对抗政府暴政的最后一道防线，因此持枪权应该是每个人都享有的宪法权利。两派人无法达成共识，最后只能在措辞上相互妥协，才有了如此奇怪的条文。

德国法学家卡尔·施米特（Carl Schmitt）为此种现象总结了

一个理论概念，叫作“延迟决断”。意思是说，在立法时，如果各派政治力量在某些问题上无法达成一致，那就至少先在文字表述上达成一致以使法律通过，同时给日后的争论留下空间。这就是立法的建设性考量。如果没有此种考量，很多法律永远也不可能被制定出来。

在这里要强调的是，**法律的制定过程并非写作条文那么简单，其本质是各个利益集团在立法程序中的博弈**。在争论比较激烈的情境下，经常会出现法律制定不出来的问题。这时，为了能让法律出台，而不是一直拖下去，立法者就先从措辞上使各方达成一致。所以，有些时候，法律语言的模糊性甚至是法律能够被制定出来的必要条件。

法律标准：为什么说有下限才有上限？

法律是为社会成员确立行为规范的规则体系。既然是确立行为规范，就涉及标准和尺度的问题。在大多数人的印象中，法律往往与崇高的社会理想和道德追求联系在一起。人们也的确可以在很多法律中发现这些崇高的理想，比如《法国宪法》（1958）序言和第 2 条中言明的“自由、平等、博爱”，等等。

然而，当我们继续看法律所规定的具体规则时，必须思考一个现实问题，即立法者在制定法律的时候，是要管上限，还是管下限？所谓管上限，就是把人类较高的社会理想和道德追求，用规则的形式体现出来；所谓管下限，就是把最极端、最坏的情况用规则来进行管制，而甚少关注上限目标。

在法律当中，这个问题的答案显而易见，那就是法律要落实为具体可执行的规则，一般来说只管下限。

在电影《烈日灼心》中，段奕宏扮演的警察说过这么一段话：

“法律特别可爱。它不管你能好到哪儿，就限制你不能恶到没边儿。它清楚每个人心里都有那么点脏事儿，想想可以，但做出来不行。法律更像人性的低保，是一种强制性的修养。”

这段话说出了法律标准中上限与下限的关系。但我还想补充一点，法律里不是没有规定上限，那些“人人平等”之类的宣誓性条款是全人类的共同期待，只是它们更多地体现在法律的原则性条款中，法律不会给这样的表述附加法律责任，使其变成强制性的义务。

法律不能强迫人人都做好人，否则就要砍头，那样的法律会显得过于严苛。因此，在更具体的规则中，法律人克制了对上限的追求，更多地关注下限，避免本应维护秩序的法律成为社会的灾难。也只有这样，人们才能在保证下限的基础上，努力地追求上限目标。

易遵守原则

当然，我们也会在具体的法律规则中，发现一些似乎是在管上限的情况。比如，我经常跟我的学生开玩笑说，很多同学交上来的作业，一看就是没认真做，这不仅让我生气，而且涉嫌违法。因为《中华人民共和国高等教育法》（简称《高等教育法》）第 53 条第 1 款明确规定，高等学校的学生应当刻苦学习。

同学们听了之后哈哈大笑。之所以如此，就是因为《高等教育法》里规定的理想很好，却无法具体操作和执行。从严格的法学角度来说，这甚至不能算是一条可供适用的规则，而是一种宣示性条款，因为它没有规定违法后要承担哪些法律责任，也没有具体的程序来予以执行。

再举个例子。我们从小就听说过“大义灭亲”这个成语，觉得如此行事的人简直是正义的化身，具有崇高的道德品质。但是，一旦落实为法律，此类高标准的执行效力就会大打折扣。

事实上，法律不仅不会要求“大义灭亲”，甚至会容忍亲属之间一定程度的“包庇”。例如，《法国刑法》规定，如果兄弟姐妹等直系亲属为重罪的犯人提供帮助或者包庇，可以不受处罚；配偶，甚至是具有同居亲密关系的人也是如此。《德国刑法》也规定，包庇如果有利于亲属，不予以处罚。

此类规定背后的逻辑其实很简单：想让亲人免受牢狱之灾，实在是人之常情；法律无法作过高的要求，否则便会难以执行甚至无法执行。大义灭亲的人，可能在道德层面被人称赞，但是从法律的层面上，却不能以如此高的标准要求所有人。**法律并不强人所难，否则就会被架空，法律的尊严和权威也会受到损害。**

因此，制定法律时，必须遵循“易遵守原则”。法律以普通人的人性为基础，要求人做常人，而不是做圣人。

美国禁酒令

当然，以上限为目标的法律，历史上也不是没有出现过，结果也可想而知。美国的“禁酒令”就是非常著名的例子。

众所周知，美国历史上有很强的新教传统，新教对于个人品行和生活操守的要求极为严格，甚至带有某种禁欲主义倾向。19

世纪，酗酒经常导致家庭暴力、社会治安等严重问题。于是，很多社会进步力量就联合宗教组织和女性组织，发起了声势浩大的禁酒运动，并且通过世界基督教妇女节制会（Woman's Christian Temperance Union）获得了大多数人的支持。最终，美国国会在1919年通过了《美国宪法》第十八修正案，规定所有酒类和酒精类饮料都不能制造、出售和运输。

这个修正案就是把社会理想甚至宗教原则落实到法律里的典型例子。它看上去很美，但问题是，是不是通过正式的立法来禁酒，人们就能真的戒酒呢？答案自然不言而喻。良好的动机很多时候未必能带来良好的结果。

为了不让人们喝酒，禁酒令从源头抓起，禁止制酒和卖酒。但说起来容易，做起来难。要想彻底控制制酒和卖酒，难度极大，成本极高。因为制酒本身技术含量不高，违法成本很低。人们不仅可以在家里酿造少量的葡萄酒和苹果酒，社会上也出现了很多地下酿酒的酒庄，甚至出现了售酒的地下酒吧，被称为“Speakeasy”，也就是“悄悄说话”的意思。此外，想要完全禁止酒类的运输也很难。当时，美国出现了从加拿大或者法国走私酒类产品进入美国的产业。这样一来，黑市里酒的价格立即提高了，制造、走私、贩卖和出售酒类的黑灰产业蓬勃发展起来。

禁酒令并没有实现禁酒的目标，反而提高了酒类产品的价格，有钱有势的人仍然能通过黑市以高价购买酒类产品。因为不用缴税，做私酒的人的整体收入更高了，联邦政府却因为禁酒失去了每年 5 亿美元的酒类税收。更糟糕的是，政府每年还要投入大量的资源打击犯罪，财政情况大受影响。

此外，禁酒令还造成了一些意想不到的后果。由于它规定酒的制造和流通在某些情况下是被允许的，比如人们可以拿着医生开的处方，去药房购买威士忌用于治病。所以很多人为了买酒就开始装病。据统计，禁酒令发布后，一年内通过医生开处方而增加的酒类消费超过 450 万升。

最终，禁酒令并没有取得理想的效果。该酗酒的人还在酗酒，并且是以违法为代价在酗酒。后来美国人实在受不了了，终于在十几年之后，也就是 1933 年，通过了《美国宪法》第二十一修正案，撤销了禁酒令。

要知道，修改《美国宪法》是非常困难的。两百多年来，美国只通过了二十多条宪法修正案，禁酒令就占了两条。也就是说，美国人实际上浪费了两条宪法修正案，却什么好的社会效果也没实现。一条不易遵守的规则的负面影响实在太大了，此后，美国宪法修正案便不再试图以道德理想为标准确立具体的法律规则。

禁酒令的例子表明，如果立法者把高尚的社会理想投射到法律里，不仅会导致法律无法被执行，还会造成巨大的社会成本。此种立法不但无法提升社会的总体道德水平，反倒有可能对整个社会造成不必要的困扰。

由此看来，我们可以有法治理想、道德追求，甚至宗教追求，但在制定法律的时候，却不能将乌托邦和理想国写进法律里。法国作家圣埃克苏佩里（Antoine de Saint-Exupéry）曾在他的名著《小王子》（*Le Petit Prince*）中提到，**国王永远不能命令太阳从西边升起；所谓权力的真谛，就是不发布无法执行的命令。**国王发布命令如此，立法机关制定法律亦如此。

是正常人标准，不是敏感者标准

当然，法律的易遵守原则还有一个维度，那就是不能以过于敏感的人的感受作为制度标准来设计规则。

爱尔兰作家詹姆斯·乔伊斯（James Joyce）在 20 世纪 20 年代写的名著《尤利西斯》（*Ulysses*）（被视为现代主义文学最重要的作品之一）所引发的一场诉讼（*United States v. One Book Called "Ulysses"*）[5] 就是典型例子。

这部小说在刚发表时遭到了美国法律的禁止。因为它起初是在美国杂志上连载的，其中一期包含了描述手淫的场景。一位年轻的女性读者读过之后感到非常震惊，于是向纽约地区的检察官举报。经过起诉和审判，一审法院判定这部小说是淫秽作品，禁止发行。后来，兰登书屋买下了这本书的版权，为了确保在法律上没问题，他们就有意通过一个案子来看看法院的反应。

兰登书屋的具体做法是出口转内销，先在法国出版了该书，然后运回美国，希望美国海关将其没收，然后再提起法律诉讼。但海关竟然放行了，于是兰登书屋的律师主动将书送至海关，要求被没收，海关照做了。于是，书便被送到联邦执法机关。检察官对书的内容进行了检查，说这本书毫无疑问是文学杰作，但在法律上却是淫秽物品，应该被没收和销毁。

随后，案子打到了美国纽约州南区联邦地区法院。在英美法系中，法院是可以通过案例来确立法律规则的。这已经不只是一个案件的问题，而是在定一个统一的规则。所以，当时所有人，包括作者乔伊斯本人，都在等待法院的判决。

法院判定《尤利西斯》不是淫秽物品。法官给出的核心理由是，判断一部作品是否属于淫秽物品，应该看相关描写会不会激发人的欲望或者不正常的反应。生理学、医学、科学作品里也涉及一些性的描写，这些作品没有被禁止，正是因为相关描写并没有激起人的欲望或者不正常的反应。后来，案子被上诉到联邦第二巡回上诉法院，但该法院维持了初审判决。《尤利西斯》最终进入美国。

或许有人会问，之前那位女性不就是有不良反应吗？法院回应说，我们在判断这件事情的时候，需要考虑的是大多数普通人的反应，而不是个别过于敏感的人的反应。法院由此确立了一项规则，即“正常人的标准”：**在判断作品是否有伤风化或者损害社会秩序的时候，不能以极少数敏感的人的反应为标准，毕竟法律是为社会上的大多数人制定的普遍规则。**

案子结束后，兰登书屋印刷《尤利西斯》时就把初审法院的判决书附在了小说里，这份判决书因此成了历史上流传最广的判决书。法官在里面写的一句话也成了名言：“法律只考虑正常人。”（“It is only with the normal person that the law is concerned.”）[6]

规则的稳定性：为什么法律总是保守的？

法律总是在过去制定，现在执行，并且试图覆盖未来。那么一个很自然的问题就是：法律应不应该与时俱进，跟随社会变化快速地调整自己？

很多人可能会说，当然应该如此。我们身处互联网时代，技术发展日新月异，社会观念也在加速变化，很多法律法规已经滞后了，立法者应该尽快修改或者制定新的法律，使之灵活机动地适应现实。

但实际上我们会发现，英国《大宪章》（1215 年）已经有 800 多年的历史，《美国宪法》（1787 年）和《法国民法典》（1804 年）也有 200 多年的历史，这些法律至今仍在沿用，甚至被奉为经典。就连我们当代合同法里的一些基本制度，也和古罗马法里的相关规定没有本质区别。在如此长的历史周期里，这些法律和制度并没有频繁修改，反而沿用了很长时间，这是为什么？

答案很简单：一方面，社会是运动的，法律不可能时刻反映社会的变化；另一方面，如果立法者朝令夕改，那么法律的稳定性和权威性也将荡然无存。

在法律人看来，滞后性是法律的基本品性，法律人习惯叫它"保守性"。这里的保守性不是指反对社会变革和新生事物，而是指不轻易改变既有规则，不让规则跟着社会风潮频繁变化。

法律的保守性

法律人对"保守性"的坚持常常超出普通人的想象。有一个英国的案子——1944 年的海伦·邓肯案（*R v. Duncan and Others*）[7]——足以说明法律人的这个倾向。

第二次世界大战期间，英国有个叫海伦·邓肯（Helen Duncan）的女人，传说她在睡觉的时候，嘴里能分泌一种白色纤维，可以让死去的人的灵魂显形，还能让现实中的人与之对话。于是邓肯到处举办所谓的"降神会"，有点类似于我们平时听说的"气功大师特异功能报告会"。

1941 年年底，一位母亲慕名而来，她说自己的儿子参加英国海军出国作战，已经失联很久，大概已经为国捐躯了，想请邓肯召唤儿子的灵魂跟自己见一面。邓肯施展了所谓的法力，并透露说，这名士兵已经随着英国著名的战舰"巴勒姆号"沉入海底。

无巧不成书，在现实中，"巴勒姆号"还真的被德国海军击沉了。但这个消息在当时属于高度军事机密，英国政府为了维持士气一直秘而不宣。当知道有人公开说“巴勒姆号”已经被击沉时，英国军方立马火冒三丈。邓肯随即被警察逮捕，并被政府指控犯罪。

那政府是依据哪部法律来追究邓肯的行为的呢？政府依据的是 1735 年制定的《巫术法案》，这部法律规定政府可以追究欺诈性的宗教活动。经过审判，陪审团判定邓肯有罪，并且判了她九个月的有期徒刑。

在这个案件中，200 多年前制定的、看似特别过时的规定，法律人却依然在严格执行。甚至直到今天，《巫术法案》在北爱尔兰、以色列（曾为英国托管地）依然有效。或许有人会疑惑：都什么时代了，竟然还有《巫术法案》，这是为什么？

《巫术法案》存在于现代社会，这件事看上去很荒谬。可如果我们往深处想就会发现，虽然“女巫”这种角色已经消失了几百年，但邓肯装神弄鬼、对社会造成不良影响的行为，实际上和《巫术法案》想要制裁的行为是一致的。无论是 1735 年还是 1941 年，从法律的时间轴来看并没有本质差别，违法行为的新与旧并不影响法律的效力。

更加反常识的是，在法律人的眼里，越古老的法律反而越稳定，越有权威。美国法官、学者波斯纳曾经说过：“法律是所有专业中最有历史取向的学科，更坦率地说，是最向后看的、最‘依赖于往昔’的学科。它尊崇传统、先例、谱系、仪式、习俗、古老的实践、古老的文本、古代的术语、成熟、智慧、资历、老人政治以及被视为重新发现历史之方法的解释。它怀疑创新、断裂、‘范式转换’以及青年的活力与性急。”[8]

我们在第一章提过，法律必须保证人们的稳定预期，这就决定了法律规则不能朝令夕改。法律人之所以要谨慎设立新规则，就是因为新规则一旦出台，就会立即改变人们的预期。反过来，如果新规则已经被制定出来并且付诸实施，立法者也就不能在短期内再进行改变，否则就会动摇人们已经形成的新预期。因此，北京大学法学院的苏力教授才说，多变的法治会令人感觉是人治。朝令夕改不但会增加巨大的社会成本，而且会极大地破坏规则的稳定性和权威性。

法律人有意让法律保守

为了维护稳定性，法律人在制定法律的时候，甚至会主动地通过制度设计防止法律被随意改动。

《美国宪法》就是个典型的例子。作为世界上最早的成文宪法，《美国宪法》在200多年间只通过了20多条修正案，是世界上最“长寿”和最稳定的宪法之一。之所以如此，倒不是因为原始的条文写得多么完美，而是因为《美国宪法》规定的修改程序极其复杂。一般来说，如果想要修改它，宪法修正案需要国会两院各以三分之二以上的议员提出，并交由四分之三的州议会批准，也就是被38个州批准了才可以。

无论是三分之二还是四分之三，都是绝对多数。在两党斗争如此激烈的情况下，想要达成双重的绝对多数几乎是不可能的。以至美国法律界有个共识——如果一位总统想在任内推出一条宪法修正案，那几乎就是浪费时间。为什么《美国宪法》会规定如此苛刻的修改程序呢？

1787 年美国制宪会议的核心代表、律师出身的詹姆斯 · 麦迪逊（James Madison）给出了原因。他认为，宪法必须保持保守和稳定，因为频繁修改宪法即意味着宪法具有重大缺陷，会使人们对宪法越来越不尊重，宪法也将因此失去权威性。作为根本大法，宪法必然要限制后代随意改动，成为永久性的法律。因此，保守性非但不是缺点，而且是有意为之。

后来，著名法学家斯蒂芬 · 霍姆斯（Stephen Holmes）把麦迪逊的意思概括为“先定约束”：宪法就是一个社会自我约束的规范，后代要受到前代的约束。我的导师、耶鲁大学法学院宪法学家葛维宝（Paul Gewirtz）教授也说过，“宪法的核心就是控制未来”，真是一语中的。

当然，也有美国法学家认为，《美国宪法》过于严格的修改程序会阻碍它的变革。在美国建国初期，有人提出了这样的观点。比如，《独立宣言》的执笔人托马斯 · 杰斐逊（Thomas Jefferson）就认为，死人不能统治活人，每一代人都要有重新制定法律的权利。

新瓶装旧酒

如果立法者一定要在短时间内制定一部新的法律，究竟应该怎么做？用一句话总结：新瓶装旧酒。换言之，立法者要尽可能地让新法律中的实质内容与以往沿用的规则相衔接，这样才能更好地被社会所接受，也才能更好地贯彻落实。

《法国民法典》就是典型的例子。法学教科书或历史教科书一般会这样介绍它：这部法典是在法国大革命之后，在理性主义的指导下诞生的一部与封建旧制度彻底决裂的法律，是一次“从身份到契约”的进步。它推出了私有财产、契约自由和过错责任等原则，创造了个人主义和自由主义的新历史。

从这段话来看，《法国民法典》不仅是一部全新的法律，而且彻底改变了历史，开创了一个新的时代。

但事实果真如此吗？熟悉《法国民法典》的人都知道，这部法典其实是“新瓶装旧酒”——用新潮的成文法典的形式，装了很多传统的法律规则。法典起草委员会主席波塔利斯（J. É. M. Portalis）就曾公开表示，该法典并非要割裂历史的延续，“与其改变法律，不如给公民提供一个热爱旧法的新理由，因为历史告诉我们，几个世纪以来，我们没有制定过几部好的法律”[9]。

根据波塔利斯的说法，《法国民法典》关于财产法的规则“与任何时代的法律都是一致的”，只不过是微调一下，顺应现在的需要；而合同法“只是变更或修改了那些适用于所有时代的自然法的原则”；在婚姻法、家庭法、继承法领域，很多规则直接沿用了革命之前的习惯法，甚至还废弃了一些革命时代的创新。比如，法国大革命期间，革命当局曾经规定成年人有婚姻自由，但《法国民法典》却规定：“子未满 25 周岁、女未满 21 周岁，非经父母的同意不得结婚；父母意见不一致时，有父的同意即可。”这条规定很明显是在延续革命之前的传统旧制。因此，《法国民法典》远没有人们想象的那样具有革命性，而是更多地体现了继承性。

由此看来，回到保守的传统，用新瓶装旧酒，让转变显得平滑，大众才能更好地接受一部新的法律。法律不会走在时代的前列，而总是比时代慢一步。但必须说明的是，法律不是拒绝变革本身，而是拒绝频繁变革、快速变革。法律追求的是长治久安。因此，法律所力图实现的不是一时的合理性，也不是跟上一时的社会潮流。在某种意义上，我们经常说的“法治”从来不是一瞬间或者某几年的概念，而是长时段的状态。只有经历了较长的时间，我们才能说一个社会是不是法治社会。正因为如此，法律和法律人都有一个天然的倾向：慢性子。正如苏力教授所言：“在和平稳定时期，由于法律要求的对人对事的普遍性，它也势必不能‘朝三暮四’或‘朝令夕改’，它不是以其‘先锋性’满足社会的革新者……对于未来的畅想，而是以它的‘老规矩’萧规曹随地满足社会多数人对可预期生活的需求。”[10]

这就是法律和法律人坚持保守性的价值所在。

规则的普遍性：为什么法条经常“大而化之”？

法律追求的是社会秩序的长治久安，需要对全体社会成员形成约束，于是法律规则会呈现出另一个特性：普遍性。所谓普遍性，就是法律规则总是针对一个社会中的所有成员的相关行为普遍有效，即便是分门别类地进行规定，也只能针对某一类人或者某一类行为进行规定，而不能针对个别人专门进行规定。

我们翻看任何一部法律都会发现，其中的法条基本都是在规定某一类情况，而不是个别情况。比如，我国《刑法》规定，“已满十四周岁不满十八周岁的人犯罪，应当从轻或者减轻处罚”，这是针对一类人的规定；“故意杀人的，处死刑、无期徒刑或者十年以上有期徒刑”，这是针对一类行为的规定。之所以如此，是因为在复杂社会中，只有普遍的规则才能约束更多的行为，发挥更大的作用。正如古罗马法学家保罗所言：“立法者并不关注那些只会发生一两次的情形。”

但是，法律规则的普遍性有时会造成一些意想不到的效果，那就是超出制定者的原始意图，使规则的覆盖面远远大于原始的针对对象。1866 年提出的《美国宪法》第十四修正案就是一个典型的例子。

很多人可能没有听说过这个修正案，但大多知道法律里经典的自由和平等权利。前文提及的堕胎案、同性婚姻案等都是据此进行判决的。这条修正案里最重要的规定是：“不经正当法律程序，不得剥夺任何人的生命、自由或财产；在州管辖范围内，也不得拒绝给予任何人以平等的法律保护。”（“Nor shall any State deprive any person of life, liberty, or property, without due process of law; nor deny to any person within its jurisdiction the equal protection of the laws.”）

请注意，这一规定中的关键词是“任何人”（any person）。这看起来似乎没什么特别，但必须说明的是，此条修正案的制定有着特定的历史背景——美国南北战争刚刚结束，北方战胜了南方，开始废除奴隶制。在南北战争后制定的宪法修正案，说任何人都享有自由和平等的权利，我们想一想就能知道，这很明显是为了保护黑人，毕竟黑人遭受了几百年的歧视和奴役，终于获得解放，自然应该做平等的自由人。

如此说来，第十四修正案算不算是黑人保护法案呢？从历史的角度来说，的确从一开始就是这样。但从法律的角度却无法如此评判，因为这条修正案用了一个普遍性的措辞——“所有人”。如此措辞不容小觑，正是因为它，第十四修正案在未来一百多年里远远超出了制定者的原始意图，扩大适用到了很多群体。

普遍性就是针对所有人

1978 年，美国最高法院宣判了一个足以载入史册的案子（*Regents of the University of California v. Bakke*）[11]。在这个案子中，一位名叫巴基（Allan Bakke）的白人在申请加州大学戴维斯分校医学院的时候，称自己遭到了种族歧视。或许有人会感到奇怪，白人怎么会遭到歧视？

原来，在戴维斯分校医学院的招生政策里，有一个特别条款：每 100 个招生名额中，要留出 16 个名额专门给少数族裔。就是因为这个条款，巴基在自己的 GPA（成绩平均绩点）和相关入学考试成绩高于其他 16 名少数族裔申请者的情况下，没有被校方录取。于是，巴基一纸诉状把加州大学告上了法庭。他认为，戴维斯分校医学院的招生政策是对白人的反向歧视，违反了《美国宪法》第十四修正案里的平等保护原则。

有趣的是，这个官司一路打到了美国最高法院。法院最后判定，加州大学的规定侵犯了巴基的宪法平等权利，巴基应该被录取。而法院如此判决的重要依据就是，《美国宪法》第十四修正案明确保护所有人的平等权利，禁止一切歧视——既包括歧视黑人，也包括歧视白人。也就是说，该修正案不是特别地保护黑人，而是保护任何人。

就这样，一个原意是保护黑人的规则，因为使用了普遍性的词语，不只是黑人和少数族裔，连白人也受到了保护。

然而，并非只有白人被纳入了“所有人”的范畴。随着规则普遍性的逻辑进一步深化，问题就出现了：如果所有人都算“person”，那法人（例如公司）算不算“person”呢？要知道，法人的英文是“legal person”。所谓“法人”，在法律里不是指人们日常所说的公司或者组织的“法人代表”，而是指公司或者组织本身在法律当中的身份。

1886 年，美国最高法院就在一个案子（*Santa Clara County v. Southern Pacific Railroad Company*）[12]中判定，法人虽然不是有血有肉的人，但是根据普遍性原则，“any person”也包括法人，所以法人也算法律意义上的人，也具有法律上的人格，可以享受平等和自由的权利。这并非天方夜谭，毕竟第十四修正案里用的词是“person”，而不是“man”或“human”。

如此一来，就会造成一些令人瞠目结舌的结果。比如，如果法人可以享受平等和自由的权利，那么法人就有言论自由的权利。换言之，公司像普通人一样，也有言论自由。公司可以通过政治捐款行使政治意义上的言论自由。问题在于，政治捐款肯定会导致腐败。为了打击腐败，很多国家都会用法律来限制政治献金，限制公司对候选人的捐款，美国也做过这种尝试。但是，美国打击腐败的法律却在 2010 年被最高法院否决了[13]，理由是此类法律侵犯了法人的言论自由。

本来用于保护黑人的第十四修正案，如今却用来保护有钱有势的大公司，甚至把腐败合法化。这自然会引起社会的强烈反对。比如，当时的美国总统奥巴马就认为，如此保护大公司的利益，实在是为利益集团操控美国政治大开方便之门。但没办法，既然法律条文是以普遍性的语言写成的，就会留下这样的漏洞。

从保护黑人、白人，再到法人，法律的普遍性就这样鲜明地展现出来了。即使立法者的初始目的是保护黑人，但无论在哪个时代，这条法律本质上的意图都是保证法律面前人人平等、不受歧视。一条法律一旦使用了普遍性的表述，那它就是可以保护到所有人，而不是只限于某些人。

“整人”的法律是否有效?

法律的普遍性要求立法机关不能针对个别人或者个别组织设定权利或义务。无论这种权利或义务的设定是有利于还是不利于个别人或个别组织，都不行。特别是限制或否定个别人、个别组织的法律，会有单挑出来“针对谁”的嫌疑，就更不适宜制定了。

2019 年发生的华为诉美国政府案即牵涉这一问题。[14] 这个案子引起了全社会的热议，因为来自中国的华为公司把美国政府给告了。对此，有的人表示非常解气，有的人心存疑虑：华为能告赢吗?

从专业的法律角度来看，我们需要问的是：华为状告美国政府的法律依据是什么？其实，华为最重要的一条法律依据，就是《美国宪法》第 1 条第 9 款中的褫夺公权条款（Bill of Attainder Clause）。该条款禁止国会通过褫夺公权的法律，即国会不得宣布某个人或者某个组织违法犯罪，并在未经公开审判的前提下对其施加惩罚。通俗地说，就是禁止出台故意“整人”的法律。

而华为认为，自己遭遇的就是此种法律。美国国会在《2019 财年国防授权法案》第 889 条中指名道姓地规定，因为华为与中国政府相关联，不仅禁止所有美国政府机构从华为购买设备和服务，还禁止政府机构与华为的客户签署合同或向其提供资助和贷款。因此，华为在起诉书中提出，这就是点名将华为列为打击对象，显然违背了法律的普遍性原则。你看，华为打的点，即法律的普遍性。

当然，在我落笔之时，该案件尚未宣判，结果不好预测。案件的结果取决于复杂的法律问题，而这些问题仍有解释和辩论空间：美国政府拒绝与华为签约，是否侵犯了华为的“权利”？该法案第 889 条是否构成对华为的“惩罚”？况且，即便后续宣判，双方是否上诉、最终结果如何也无法预知。此处，我们仅就美国之前涉及褫夺公权条款的司法实践做个简要介绍。1946 年，美国国会通过法律，指名道姓地点出了三名联邦政府雇员，说他们是颠覆分子，要予以开除。三名雇员不服气，把案子一路打到了美国最高法院。美国最高法院认为，这明显是针对特定人的法律，不但把雇员名字列举了出来，而且不经司法程序就施加惩罚，违反了褫夺公权条款，因此无效。

法律的普遍性就是这样，它要求法律不得针对个别人或个别行为进行规定。法国思想家卢梭在《社会契约论》里写过一段经典的话，恰当地表达了这个意思："法律的对象永远是普遍性的……而绝不考虑个别的人以及个别的行为。因此，法律可以规定各种特权，但是它却绝不能指名把特权赋予某一个人；法律可以把公民划分为若干等级，甚至于规定取得各自等级权利的种种资格，但是它却不能指名把某某人列入某个等级之中；它可以确立一种王朝政府和一种世袭的继承制，但是它却不能选定一个国王，也不能指定一家王室。总之，一切有关个别对象的职能都丝毫不属于立法权力。"[15]

普遍性可以实现更大价值

或许有人会问，法律的普遍性确实能够保证公平、降低司法成本，但是这样做会不会产生其他一些问题呢？确实，法律的普遍性有时会导致具体条文管得过窄，有时也会导致具体条文管得过宽。

来看一个管得过宽的例子。我们经常会在公园或者校园里看到标识，如"任何人不得踩踏草坪"。这条规则用的是具有普遍性的语言，很显然在现实中会显得管得过宽：草坪的养护人员如果在修剪的时候踩了草坪，是否也违反规定呢？

其实，关于这个问题，亚里士多德早在古希腊时代就曾经有过解释，“所有的法律都是普遍的”，“法律考虑的是大多数的情况，虽然并不是没有意识到这样会犯错误。但是法律仍然是对的，因为错误并不在于法律或者立法者，而在于个别情况的特性，在于人类行为的杂乱无章本质上就是这样”。

那么，新的问题又出现了：既然普遍性有这样那样的漏洞，法律人为什么还要如此维护这条原则？

最为通常的回答是，只有将同类问题以相同的标准处理，才能保证“法律面前人人平等”这个基本原则；只有把所有情况都覆盖到了，司法和执法的成本才最低。因此，我们会发现，现代法律一旦正式颁布就立即生效，而不会等通知到每个人后再生效。相反，如果是国家出台针对个别人的命令，例如行政处罚，就一定要通知到个人才生效。法律的普遍性因而也是一种成本极低的信息通知手段。

而从另一个角度来说，法律的普遍性还有一个价值：出于更现实的考量，只有遵守普遍性原则，才能把国家对于个人的社会约束技术，转化成一种个人的自我控制技术。

具体来说，规则的普遍性使每个人的对手变成了自己，而不是制定法律的立法者。比如，任何人看到“酒后禁止驾驶”这类规则，都能清楚地判断自己的行为是否符合法律要求，从而提前进行自我管理。这就使社会成员并不需要等到上了法庭，再让法官来判断某一行为是否违法。反之，如果法律是针对某个特定的人或者特定的主体制定的，那么其他人就会觉得“这跟我没关系”，人们就会失去统一的判断标准。

所以，法律的普遍性原则就是把规则潜移默化地变成个人心中的戒律，方便个人自行对照、检查处理。套用卢梭在《社会契约论》中的理论，让每个人服从法律，就好像在服从他自己。20世纪的法国著名思想家米歇尔·福柯（Michel Foucault）曾经提出过一个概念，说现代社会采用了一种“俭省的治理方式”[16]，指的也是这个意思。

我们一直在强调，法律是守住社会底线的最后一堵墙，立法者承担着最后的拍板任务，这项责任自然非常重大，而且会使立法者的压力剧增。法律的普遍性原则就是把一部分压力分出去，让全体社会成员依照一个共同的标准提前进行自我管理，这无疑是一个帮立法者减轻压力、提升社会效率的聪明办法。

所以，法律之所以容忍普遍性导致的管得过宽或者过窄的问题，不仅是出于公平的价值考量，也是出于更高的效率考量。只有保证了公平和效率，法律规则才能长久有效，进而更好地维护社会秩序和个人权利。下一篇我们再来讨论，法律如何弥补由普遍性带来的相关问题。

规则的例外：为什么说例外并不颠覆规则？

我们已经知道，在法律中，规则必须是具有普遍性的，但这会带来一个直接问题：规则无法涵盖现实世界的复杂性，容易管得过宽或者过窄，从而导致在疑难案件中根本无法解决具体问题。

法律人深知这一点。美国最高法院的大法官温德尔·霍姆斯（Wendell Holmes）曾经说过，“一般规则不能解决具体问题”[17]。那么，在具体执法和司法的过程中，应当如何破局呢？

答案是：寻找例外。换言之，当法律的普遍规则遭遇具体案件的复杂局面时，可以根据特殊情况，突破规则的一般规定，采取个别化的解决方案。

法律规则的例外

寻找规则的例外，可以说是法律人的基本功。在现代法律体系中，刑法可能是执行起来最为严格的一种法律。但是，即便是刑法也容许例外的存在。比如，我国《刑法》虽然规定了几百种罪名，用以打击犯罪、维护社会秩序和公民的合法权益，但它同时也规定了例外条款。《刑法》第 13 条规定，如果“情节显著轻微，危害不大的”，则不被视为犯罪。这一条款就为一般规则设定了例外情况。

那么，究竟什么叫“情节显著轻微，危害不大”呢？在具体的案件中，应该如何进行理解呢？

我们来看一个案子。2018 年 7 月，国内上线了一部电影《我不是药神》，轰动一时。在电影中，徐峥扮演的商人为了救助白血病患者，从印度走私了一种仿制药，并以极低的价格卖给病人，却因此被控犯罪，锒铛入狱。观众为此唏嘘不已，甚至泪流满面。

其实，电影里的故事是根据真实案例改编的，“药神”的原型是一位名叫陆勇的商人。与电影情节不同的是，在现实中，陆勇本人就是慢粒白血病患者。他不能承受高昂的药价，于是铤而走险，不惜以违法为代价从海外代购仿制药，而且还通过网购的信用卡为很多病友代购药物。最终，他因为涉嫌两个罪名被逮捕：一个是销售假药罪，另一个是妨害信用卡管理罪。

陆勇被捕之后，很多病友联名写信，请求司法机关予以宽大处理。最终，检察院作出了不起诉的决定。

很多人或许会说，检察院的处理方式是情大于法，法外开恩。但实际上，从法律的角度来看，检察院如此处理有着充足的理由和法律依据。检察院表示，虽然陆勇“违反了金融管理法规，但其目的和用途完全是用于支付白血病患者购买抗癌药品的款项，情节显著轻微，危害不大”，因此作出了不起诉的决定。

实际上，检察院援引的就是前文提及的《刑法》中的例外条款。简言之，陆勇的行为虽然涉嫌犯罪，但没有对社会造成显著危害。他走私来的药物不但没有使服用该药的病友健康受损，反倒使他们延长了生命。另外，陆勇网购信用卡购买药品的行为，也没有造成其他人的经济损失，没有对国家金融秩序产生危害。

由此看来，《刑法》里之所以有第 13 条这个例外条款，就是为了防止打击面过宽。检察院正是以此为依据，为陆勇的行为找到了一个紧急出口。

不只是中国法律有例外，美国法律中也有例外。以著名的“米兰达规则”为例，这个规则要求警察在逮捕嫌疑人时，必须对嫌疑人明确说出：“你有权保持沉默，你对任何一个警察所说的一切都将可能被作为法庭对你不利的证据。”如果警察没有预先说出这个警告，那么其获得的口供一律不得作为呈堂证供。

但是，这条规则也有例外，比如公共安全例外——在公共安全和社会秩序面临即刻而重大的威胁时，警方在办案过程中可以突破米兰达规则。

例如，2013 年，波士顿发生了特大爆炸案，导致三人死亡，几百人受伤。警方费尽九牛二虎之力才找到了两名犯罪嫌疑人，当时警方就在没有告知犯罪嫌疑人沉默权的情况下将其逮捕，而且获得的口供也被法庭当作合法证据用来定罪。

由此看来，法律之所以难懂，一个很重要的原因就是规则套规则，规则里还有例外，而且在更复杂的情况下，不但规则里有例外，例外里也有例外。这看起来有点像绕口令，但事实的确如此。《刑法》里的正当防卫就是典型的例子。众所周知，在现实生活中，无论一个人是打伤了人，还是打死了人，一般情况下都构成犯罪，要承担刑事责任。

但是，《刑法》里规定了一个例外，那就是正当防卫。当某个人面临着别人的侵犯，出于防卫的目的而采取伤害对方的行为时，即便导致对方受伤甚至死亡，也不用承担刑事责任。比如，某人在遭遇歹徒抢劫的时候予以反抗，将歹徒打伤甚至失手将其打死，也有可能因为构成正当防卫而被免除刑事责任。

然而，即使是正当防卫这项例外里，也还存在着例外——防卫过当：如果正当防卫明显超出了必要的限度，当事人还是要承担刑事责任。

这就是规则里有例外，例外里还有例外。在现实中，刑事辩护律师很多时候就是在例外的边缘地带做文章，为当事人争取无罪判决或者减轻刑罚。

法律没有规定，但事实上有例外

以上所述，都是法律里明确规定的例外情况。而真实世界中的情况远不止如此简单。事实上，即便有些法条没有规定例外，在遇到疑难案件的时候，司法机关也会容许例外。

美国就曾经发生过这么一个案子（*United States v. Kirby*）[18]，基本案情是，美国联邦法律规定，任何人不得妨碍邮件的投递，否则即构成犯罪，并且没有规定例外。肯塔基州一名警察抓捕一名被控谋杀的邮递员，该邮递员当时正在运送邮件。结果这名警察就因为违反了联邦法律而被告上法庭。

案子打到美国最高法院之后，大法官们宣判，虽然法律条文本身并没有规定例外情况，但是警察的目的是抓捕犯罪嫌疑人，所以即便他真的妨碍了邮件的投递，也不应当被视为犯罪。法官们之所以如此判决，就是为了避免因适用普遍的规则而导致荒谬的结论，于是在具体案件中创建了例外。

所以，法律界有一句著名的谚语："任何规则都有例外。"其意思就是，除了明确规定有例外的规则，那些没有明确规定例外的规则也存在例外。美国法学家德里克·贝尔（Derrick Bell）道出了这句谚语背后的逻辑："一个没有例外的规则是能够伤害无辜的工具。"[19]

任何规则都有例外，就连宪法这样保护公民权利的根本大法，在紧急状态下也会有例外。我们来看一个美国历史上的著名案件（*Korematsu v. United States*）[20]。第二次世界大战期间，日本偷袭珍珠港之后，当时的美国总统罗斯福出于国家安全的考虑，下令把西海岸地区的所有日本人以及日本裔美国公民全部迁到集中营里去，因为西海岸靠着太平洋，当时已经属于战区了。

结果，有一个叫是松（Fred Korematsu）的日本裔美国公民故意不去集中营，他因此被判了刑。是松很不服气，他觉得这是赤裸裸的种族歧视，自己的人身自由和行动自由受到了侵犯，认为美国政府违反了《美国宪法》第五修正案，非法剥夺公民的自由，于是案子一路打到了美国最高法院。

美国最高法院最终宣判，政府的行为并不违反宪法。出于国家安全的紧急理由，总统完全有权这么做。

撰写法院判词的胡果·布莱克（Hugo Black）大法官，此前可是以保护公民自由出名的，但在这个案子中却一反常态，支持了政府。他的核心理由是，目前情况特殊，大敌当前，不能像和平时期那样严格依照宪法办事。

实际上，规则本身有一个特点：规则没有告诉你什么时候应该遵守它。在这个案子里也是一样。大法官们认为，虽然宪法明确保护公民的自由，没有规定任何例外，但这条法律只是在和平时期才要严格遵守，在紧急时刻是可以被突破的。

当然，由于这个案子里多少有支持种族歧视的倾向，所以后来一直被批评。但在当时那种危急的状态下，多数人还是支持了罗斯福总统和美国最高法院。正如杰克逊大法官所言：宪法“不是自杀契约”。也就是说，宪法不能够成为保卫国家的障碍，不能把军队和政府的手绑得死死的，使其无法应对战争和危机。

例外并不颠覆规则，反倒证成规则

或许有人会疑惑：如果法律规则都有例外，那岂不是很容易被架空？实际上，对于法律人来说，动用例外在大多数情况下不但不会把规则架空，反倒能够使人更加深刻地理解规则的本质内涵。

英国著名法学家、牛津大学教授哈特（H. L. A. Hart）曾经在他发表在《哈佛法律评论》的著名文章[21]中做过一个思想实验——公园门口贴着一个告示：禁止车辆进入公园。这个规则听起来非常绝对，没有设定例外情况。但是，我们只要多想一想就会发现一系列问题：自行车能不能进入公园？玩具汽车呢？它们能不能构成例外？

当遇到这些问题时，只看规则本身已经不够。前文提过，法律规则通常关照一般性和普遍性情况，因而遇到特殊情况时总是捉襟见肘。这时，人们就需要进一步探讨，这条规则背后的目的究竟是什么？

如果这条规则的目的是保障公园里行人的安全，那么很显然，玩具汽车就可以构成例外进入公园，自行车可能就不行。如果这条规则的目的是减少噪声，那么自行车就可以进入公园，电动的玩具汽车就不行。正是由于这些特殊情况的存在，我们才会真正去想，“禁止车辆进入公园”这条规则究竟是想达到什么目的，进而通过解释其核心意图，精细地区分各种车辆，予以区别对待。

前文提及的几个例子其实也是如此。只有遇到了陆勇走私仿制药救人的特殊情况，我们才能深刻地理解，《刑法》的制定是为了防止人们危害社会，而不是把所有违法行为都算成犯罪。只有出现了警察抓捕邮递员的事情，我们才能够理解，法律禁止破坏邮件投递的规定，并不是为了阻碍打击犯罪。只有出现了事关国家安全的情况，我们才能够理解，在紧急状态下，比维护个人自由优先级更高的是保卫国家安全。

如果没有这些例外，我们就无法真正而全面地理解一般规则。因此，法学界的一句英文格言才说：“**例外证明了规则。**”（Exception proves the rule.）

丹麦著名新教神学家克尔凯郭尔（Kierkegaard）在《重复》（*Repetition*）一书中也表达了类似的意思，值得引用于此：“例外解释了一般及其自身，而且如果人们想正确地研究一般，只需寻找一个真正的例外。它比一般更清楚地揭示一切。无休止地谈论一般会变得令人厌倦；世界上存在着诸多例外。如果它们不能被解释，那么一般也无法被解释。这个难题常常被忽视，因为一般不是以热情去思考，而是以令人舒适的肤浅去思考。但是，例外却是以强烈的热情思考一般。”[22]

规则的选择：为什么案件结果难以预测？

普通人在遇到热点案件时，总喜欢问学法律或者从事法律工作的人：你觉得这个案子会怎么判？很多时候，法律人都会回答：判决结果很难预测。

对于这样的回答，人们可能难以理解：法律案件的审判，不就是对照规则给出处理结果就行吗？为什么规则明明就摆在那儿，结果还那么难以预测呢？

其实，判决结果之所以难以预测，很重要的原因在于法律问题很少有唯一正确的答案。

一方面，由于法律语言具有模糊性，法官拥有很大的自由裁量权。比如，同样一个杀人行为，考量不同的因素，法官可以判被告无期徒刑，也可以判死刑，甚至还可以判无罪（例如，被告从事犯罪行为时精神病发作）。这些都是在规则允许的范围内作出的判决，很难说哪个对哪个错。

另一方面，法律出于普遍性的考量，永远要分类解决问题，但是分类就会使很多事情处于各种类别之间的交叉地带。所以在疑难案件中，一件事究竟应该使用哪类规则，并不是预先有定论的。由于案件双方会不断争论，问题就会变得更加复杂，法官很难一目了然地给出判断。

因此，如何在法律范畴内，通过规则的选择找到合用的法律依据，就是法律人的基本功之一。

法律总是“削足适履”

我们先从一个身边的例子看起。众所周知，无论是中国农村还是城市，都有结婚前送彩礼的习俗。围绕彩礼经常会出现一些法律纠纷，比如订婚的时候男方送了彩礼，后来婚没结成，男方讨还彩礼，女方不予退还，于是就产生了矛盾。一旦此类案件起诉到法院，法官就会觉得非常棘手。一方面，涉及恋爱婚姻的问题本身非常复杂，难以判断；另一方面，送彩礼是传统习俗，很难直接对应到现代法律的范畴里进行妥帖的处理。

在现实中，法官经常采取两种方式来理解彩礼的法律性质。一种方式是将彩礼算成定金。这就相当于两家人在做生意，男方家里给女方家里一笔定金。如果事情成了，定金不用返还；如果女方毁约，定金就得返还，甚至有人还会按照涉及定金的法律规定，主张双倍返还。

这种方案听起来完美，但却存在重大问题。现代法律对婚姻和合同有严格的区分：前者涉及的是人与人之间的关系，后者涉及的是买卖关系。如果在法律上把彩礼算成定金，就会有买卖婚姻的嫌疑，有违现代法律中婚姻自由的基本精神。

因此，在实践中，法官的另外一种做法就是将彩礼理解为“附条件的赠与”，简单来说就是附加一些条件的赠送。如此理解的话，男方给女方的彩礼就是一种赠送，而赠送的条件是“你要嫁给我”。如果最后婚没结成，即视为条件并未达成，因此男方把彩礼要回来也是合理的。

显然，上述两种方法都是为了解决问题而采取的没有办法的办法，都有点儿削足适履的感觉。后来，最高人民法院为了维护规则适用的统一，出台了一个司法解释[23]，将彩礼当作附条件的赠与来处理，支持当事人在未办理结婚登记的条件下返还彩礼的请求。

即便如此，普通人仍然会觉得非常别扭，但是没有办法，在既定的法律框架里只能这么算。所以意大利学者马里亚诺·克罗齐（Mariano Croce）说：“法律是一种奇怪的知识。……法律只关心自己的各种范畴。……法律把一个特殊的物体拖到法律领域里，而不是直接处理它。”[24]

换言之，法律就像一个收纳盒，只有把所有东西都放到一个个对应的小格子里，才能进行下一步的处理。

飙车撞人到底怎么算?

在彩礼问题上，最高人民法院还是给出了一个定论。但在很多情况下，一件事情可能既符合这条规则，又符合那条规则，而规则本身是没有规定应该怎样使用，以及在何时使用的，这时问题就会变得更加复杂。

2009 年，杭州发生的“飙车案”[25]就是个典型的例子。被告人胡斌夜里驾驶非法改装的三菱轿车严重超速行驶，撞到人行横道上的青年谭卓，导致其死亡。经鉴定，胡斌当时的车速在每小时 84.1 千米至 101.2 千米之间，应负全责。一审法院判决胡斌交通肇事罪成立，并判处三年有期徒刑。但就是这个判决结果，在社会上引起了轩然大波。很多人觉得，飙车撞死人才判三年，判得也太轻了。

从法律的角度来看，这个案子的核心争论点不在于该判多少年，而在于该定什么罪。因为即使是同样的行为，定罪不同，适用规则就不同，结果就更不相同。

最初，检察院起诉的罪名是交通肇事罪，一般这种罪名在《刑法》中规定的量刑标准比较低，即处以三年以下有期徒刑或者拘役。

但是，很多法学家和公共媒体都认为，应该把这种情况认定为以危险方法危害公共安全罪。这种罪名在《刑法》中规定的量刑标准就比较高了，最高可判死刑。

胡斌的行为同时符合上述两种罪名的条件，无论定何种罪名都在法律规定的范畴内，结果取决于法官的自由裁量和对案件具体情况的判断。

当然，很多法学家也主张，干脆直接设立一个新罪名，叫作危险驾驶罪。但是，由于当时《刑法》里还没有加入这一条，法院就只能在以上两个罪名当中进行取舍。

我国权威的刑法专家、清华大学法学院的张明楷教授曾说："倘若《刑法》分则总共规定了 500 个具体犯罪，人们便希望划出 500 个方格，每个方格里装一个犯罪，从而使每个犯罪与其他犯罪之间都有明确具体的界限。不可否认，有的犯罪之间（如盗窃罪与诈骗罪）的确是一种对立关系，某个行为不可能同时触犯两个罪名。然而，大部分犯罪之间都不是对立关系，而是中立关系、交叉关系乃至包容关系。"[26]

在杭州"飙车案"中，交通肇事罪和以危险方法危害公共安全罪的关系就属于个案中的相互交叉。而负责审理案件的杭州市西湖区人民法院最终以交通肇事罪的罪名一审判处被告有期徒刑三年。

虚拟财产到底是什么？

杭州"飙车案"只是在两个罪名之间进行选择，在实践中还有很多更复杂的案子，涉及在两个不同的法律部门之间进行选择。

比如，Q 币或者网络游戏中的装备等一般被称为"虚拟财产”，如果这类虚拟财产被他人侵犯了，法律应该怎么处理？

站在法律人的角度，我们首先要判断，侵犯虚拟财产到底是个民法问题还是刑法问题？

如果是民法问题，那虚拟财产该怎么处理？这个问题在法学界争论得如火如荼。一种观点认为，应该像处理实体财产一样处理虚拟财产，毕竟它们都具有经济价值。另一种观点认为，虚拟财产和桌子、椅子等实体财产不一样，它是一种类似于知识产权的客体。

如果是刑法问题，处理起来依然非常麻烦。比如，有些法院判决，偷窃 Q 币、游戏点卡等虚拟财产的行为构成盗窃罪。但有的法院则判决，此类行为不构成盗窃罪，而是非法获取计算机信息系统数据罪。

2008 年，安徽有一个案子[27]，被告人向他人电脑里输入木马程序，通过远程控制进入系统，把对方网络游戏中的游戏金币盗走，转手卖了 7 万多元。一审法院按照盗窃罪判处被告有期徒刑 11 年，并处罚金 1 万元。但是，后来经过上诉，二审法院认为，游戏金币毕竟不是实体财产，无法按照市场标准对其进行定价，所以也就无法确定被告人的行为是否属于盗窃财产，非法获利数额也无法准确，因而不能认定为盗窃罪。

最后二审法院认为，被告人盗窃的游戏金币属于计算机信息系统数据，而且情节严重，判决其行为构成非法获取计算机信息系统数据罪。

恐怖分子：是罪犯还是敌人?

当然，以上案例还只是法官在一个国家内部的法律规则之间进行选择。在一些更特殊的情况中，法官可能还会面临究竟要用国际法规则，还是用国内法规则的两难情境。

例如，“9·11”事件之后，美国一直在打击恐怖分子，但反恐行动立即引发了一个法律问题：被抓的恐怖分子到底算是国内法意义上的罪犯，还是国际法意义上的敌人?

从法律的角度来看，这可不是一个小问题，因为针对不同的身份，就会有完全不同的法律规则，对应不同的处理结果。

比如，如果执法机关把恐怖分子算成国内法意义上的罪犯，就必须依照法律规定给予其程序正义相关的权利，例如沉默权和公正审判权等，而不能刑讯逼供或者无限期关押。然而，一旦如此定性，执法机关就很难通过极端措施从恐怖分子那里搜集情报，无法弄清楚定时炸弹究竟藏在哪里，这就会给维护国家安全带来极大的障碍。

反之，如果执法机关把恐怖分子算成国际法意义上的敌人，就不用为其提供程序正义的保护，而是可以将其列为“敌方战斗人员”(enemy combatant)，可以对其进行无限期的关押。然而，一旦如此定性，又会给人以口实，说美国政府侵犯人权。

在反恐战争期间，无论是美国最高法院，还是美国法律人、美国政府都陷入了两难的境地，在这个问题上争论不休。所以，耶鲁大学宪法学教授布鲁斯·阿克曼（Bruce Ackerman）才说：“法律是个钝器。它将生活的复杂性压缩到几个法律框架中，并消除了其中的细微差别。”[28]

由此看来，法律案件的结果之所以难以预测，是因为法律人面临着各类规则选择的困境。而产生这种困境的原因，**是法律永远只能类型化地把世界进行分类处理，无法涵盖真实世界的复杂性。**如此处理问题自然会显得僵化，但这也是没有办法的选择，因为只有把事情格式化，法律才能识别它，问题才能得到解决；只有严格地按照格式化的分类体系处理案件，才能保证执法者和司法者依法办事，法治的基本价值才能得以维护。因此，法律体系只能退而求其次，用时而蹩脚、时而僵化的“钝器”来削足适履。

想点大事

这一章我们考察了法律体系的核心构成要素——规则。立法者制定规则，执法者和司法者使用规则解决具体纠纷和具体问题。无论是制定规则，还是使用规则，我们都必须明白规则自身的特性和规律。

因此，法律思维会告诉你，必须掌握规则的使用手册。制定规则时，我们不能想当然，防止“好心办坏事”。例如，我们通常会以为规则规定得越清楚、越精确，就越好。然而，人类的规则都是用语言写成的，而语言本身具有模糊性，因而有时候刻意制造模糊，让规则具有广泛适用性和长远适应性，反倒能够解决更多的问题。同样，如果要让规则能够落实，你就不能把标准定得太高，超出一般人的承受范围。

之所以如此，就是因为法律本身的性格。首先，规则本身一旦订立下来，就必须趋于稳定，不能朝令夕改，否则规则本身会丧失权威，社会成员也会无所适从。其次，规则本身具有普遍性，否则不但无法保证公平适用，也无法有效地实现社会治理，无法让规则变成每个人自我约束的参照。

然而，运用规则解决问题，则是另一回事情。法律思维的一大特点是：规则本身的伸缩性，远比一般人所想的要大。首先，任何规则都有例外。法律人的很多工作都是在各个层面区分规则与例外。其次，规则本身并没有明确告诉人们具体什么时候应该遵守这条规则。因此，如何从海量的规则中，选择适用于当下问题的规则，是一门学问。

正是在这里，法律思维又是让你想得大一些。你必须超越自己追求美好理想和最优方案的小冲动，才能够创造和运用规则，来解决更大范围内的大问题。只有这样，你才能够“玩转”规则，为自己“立法”，为家庭定规矩，为单位制定规定，为团体订立纪律，甚至为整个社会塑造标准。

第四章

法律的推理与判断

THINK BIG AND BEYOND YOURSELF

在任何法律纠纷中，裁判者最终的处理结果都至关重要。发现事实之后，裁判者需选用合用的规则，通过法律推理得出最终的处理结果。这一章我们就来看看这些处理结果是如何得出的。

后果主义：为什么比起结果，法律人更在意后果？

提到推理，很多人都会想到经典的三段论推理，即包含大前提、小前提和结论的演绎推理方法，比如逻辑学上的经典例子：所有人都会死（大前提），苏格拉底是人（小前提），因此苏格拉底会死（结论）。

实际上，大部分法律案件的处理结果，也是严格按照三段论推理的逻辑得出的。在法律推理中，合用的规则是大前提，案件的事实是小前提，判决结果则是结论。

但法律中的三段论不是纯粹逻辑上的“理论三段论”，而是一种“实践三段论”。具体而言，“理论三段论”的结论是一个理论命题，不是实际的处理结果——比如开篇有关苏格拉底的例子就是理论三段论，虽然它的结论是“苏格拉底会死”，但是没有人会在苏格拉底活得好好的时候去故意把他弄死。“实践三段论”的结论则是一种社会行动，会产生实际的社会后果——无论是将被告人定罪并处以死刑，还是判定超速者违法而对其进行罚款，都是如此。

这样一来，法律推理的结论（判决结果）就会备受关注，甚至会引发争议。人们争议的焦点并非推理过程是否严谨，而是判决结果所产生的实际后果是否妥当。

为了避免这类争议，法律人会特别注意从后果的角度进行考量，甚至在某些情况下，会先考虑推理结论的实际后果，再反过来重新设计推理过程，寻找其他合用的规则反推判决结果。另外，当一个案件从规则的角度看面临多项选择而难以决断的时候，法律人也会从后果的角度反推判决结果。法理学上把这种思维方式叫作后果主义。

王海是不是消费者？

我们以职业打假案件为例展开论述。说起职业打假，“王海”这个名字不得不提。他曾经起诉“六个核桃”的厂商欺诈消费者，理由是自己喝了该饮料后并没有变聪明，“经常用脑，多喝六个核桃”的广告属于虚假宣传。法院审理后认为“六个核桃”饮料经过国家质检部门鉴定，系合格产品；相应广告语经工商行政管理机关的确认，也不构成违反法律规定的情形；于是驳回了王海的诉讼请求。

其实，以王海为代表的职业打假人已经形成了一个群体。他们在社会上以打假为生，知假买假，然后根据《中华人民共和国消费者权益保护法》（简称《消费者权益保护法》）里的相关规定，要求厂商提供各类赔偿，以此谋利。

职业打假人的“打假”行为给法律出了难题。因为一旦遇到相关案件，法院就要去判断像王海这类知假买假的人究竟算不算《消费者权益保护法》中所说的“消费者”。因为该法第 2 条规定：“消费者为生活消费需要购买、使用商品或接受服务，其权益受本法保护。”请注意，其中的关键词是“消费者”和“为生活消费需要”。也就是说，只有出于生活消费目的而购买商品或服务的人才算消费者，才能受到《消费者权益保护法》的保护。

如前文所提，法律语言具有模糊性。在实践中，究竟什么算是“消费者”，什么叫“为生活消费需要”，纯粹因为打假而购买商品的行为是否属于“生活消费”——这些问题在法律上都没有定论。

于是，一旦面临真实案件，各地法院就需要通过行使自由裁量权给出判断。有的法院认为职业打假人的行为并非为满足生活消费需要，而是为了谋利，因此他们不能算是法律意义上的消费者，其主张惩罚性赔偿的诉求不应被支持。另外一些法院则倾向于把职业打假人认定为消费者。而其最重要的理由并非纯粹基于法条文字的分析，而是基于社会后果的考量：如果法律将职业打假人认定为消费者，就能鼓励公众打假，动用社会力量防止商家欺诈。此种考量并未违反法条的明确规定，还能提升社会的整体利益，何乐而不为？

实际上，第二种处理方案就是典型的后果主义推理。在此种推理过程中，法官虽然也在解释法条，但却在某种意义上超越了法条文字本身，更多地考量了具体的社会后果。这很符合我们国家提倡的“法律效果与社会效果相统一”的司法导向。

要而言之，后果主义推理就是从社会整体利益出发去解释和适用规则。其背后的逻辑是法律本质上是人类社会为自身设计的规则，它的根本目标是提升社会的整体利益。正如古罗马著名法学家西塞罗（Cicero）所言：“人民的福利是最高的法律。”[1]

布什诉戈尔

不只是我国，其他国家也遵循了同样的原则：法律的具体适用必须考虑社会后果。

2000 年，美国最高法院宣判的“布什诉戈尔案”（*Bush v. Gore*）[2] 就是运用后果主义推理的经典案例，也是法律人在考量实际后果以后，解决政治争议的巅峰之作。

众所周知，美国总统是选民通过法定程序投票选出来的。但很少有人知道，美国历史上有一位总统几乎是由大法官“保送”上台的，这位总统就是小布什（George W. Bush）。

之所以出现如此戏剧性的事件，就是因为当年的大选出现了意外状况：按照美国法律规定，总统选举的投票日是大选当年的11月初，大选结果通常在投票日当天即可算出。但是，2000年的大选结果一直到投票日后的第35天才确定。这是为什么呢？

原来，共和党总统候选人小布什和民主党总统候选人阿尔·戈尔（Albert Gore）在各州获得的选票一路旗鼓相当，最后要到佛罗里达州一决胜负。佛罗里达州的初步投票结果显示，小布什比戈尔多了不到2000票。很多国家领导人都觉得小布什已经稳操胜券，纷纷给他发来贺电。

但戈尔对投票结果表示怀疑。他认为，佛罗里达州支持民主党的选民较多，自己在该州的真实票数肯定超过小布什。于是，他向当地法院提起诉讼，要求根据该州选举法的规定重新计票。当地法院同意了戈尔的诉求，宣布要在几个支持民主党的县进行手工计票，并且重点计算那些“漏选票”。法院的理由是要尊重每个公民的投票权，保证选票面前人人平等。

戈尔的举动使大选结果再次变得悬而未决，各国领导人纷纷撤回贺电，媒体上下一片哗然。面对戈尔的举动，小布什如坐针毡，生怕煮熟的鸭子飞走了。于是他也诉诸法律，一路把官司打到了美国最高法院。结果，美国最高法院迅速介入，并以罕见的速度完成审理，三天后就作出了判决：停止重新计票。正是因为这一判决，小布什被送上了总统的宝座。

从判决书来看，美国最高法院的理由是有些选民的选票被检查了两遍，而大部分选民的选票只被检查了一遍，这样做违反了《美国宪法》第十四修正案中规定的平等保护原则。

但这并不是美国最高法院的真正理由。首席大法官威廉·伦奎斯特（William Rehnquist）给出的理由其实是：时间不够了，为了避免国家陷入混乱，总统选举争议必须就此打住，赶紧把总统人选确定下来。用中国古话来说就是“国不可一日无君”。

为什么这么说？要知道，“布什诉戈尔案”判决作出的当天已经是 12 月 12 日了。如果选举争议一直持续下去，甚至闹到人数众多、程序冗长的国会去作裁决，就很难有一锤定音的解决方案。如果再拖一个月，现任总统克林顿任期届满、下届总统必须接任的日子（2001 年 1 月 20 日）就要临近了。

如果到了那个时候，新总统还是没有选出来呢？波斯纳法官在《打破僵局：2000 年大选、宪法和法院》（*Breaking the Deadlock：The 2000 Election，the Constitution，and the Courts*）一书中进行了沙盘推演[3]：

美国法律规定，如果新总统迟迟无法确定，那么等到现任总统任期届满，就得设立代理总统，暂时履行最高行政长官职能，直到选出新的总统来。

根据 1947 年《总统继任法案》（Presidential Succession Act of 1947）的规定，代理总统的第一人选是副总统兼参议院议长。有趣的是，当时的副总统兼参议院议长正是 2000 年大选的总统候选人戈尔，也是布什诉戈尔案的当事人。让他直接担任代理总统，必然会引起争议，乱局依然会持续。

第二人选是众议院议长。如果众议院议长担任代理总统，就必须辞去议长乃至议员的职位。当时的众议院议长丹尼斯·哈斯特尔特（Dennis Hastert）肯定不想为了当临时的代理总统而失去自己在国会中的地位。

第三人选是参议院临时议长。当时的参议院临时议长斯特罗姆·瑟蒙德（Strom Thurmond）已经98岁了，而且他是共和党人。一旦他辞去临时议长之职，下一任临时议长大概率会是民主党人，整个国会的主导权就会转移给民主党。因此，他也不愿意离开参议院去做代理总统。

第四人选是时任国务卿。《美国宪法》规定，只有在美国本土出生的公民才有资格担任美国总统。而当时的国务卿马德琳·奥尔布赖特（Madeleine Albright）不是在美国本土出生的，因此她没有担任代理总统的资格。

第五人选是财政部部长。当时的财政部部长劳伦斯·萨默斯（Lawrence Summers）是学者出身，之前在哈佛大学教授经济学。他自己从来没有想过要当总统，而且更麻烦的是，萨默斯是犹太人。如果他通过这种方式当上美国总统，将成为美国历史上第一个未经任何政党提名而担任总统的犹太人，这必然会引起那些一直对犹太人存有偏见的人的反对，认为犹太人不够光明正大。

读到这里，我们就可以进一步理解大法官伦奎斯特提出的后果主义思维：如果选举结果一直悬而未决，代理总统一个个都无法接任，美国最高行政长官的位置一直空缺，对于全美国来说将是无法忍受的噩梦。此时如果再发生重大的内政外交事件，后果不堪设想。

在这种情况下，美国最高法院必须及时踩刹车：最重要的不是选出一位更符合民意的总统，而是抓紧时间选出一位总统来，无论他是谁。

当然，由于案件面临的情况极为特殊，为了避免该案形成司法先例，使法院干涉政治变成一项规则，美国最高法院还特地强调："我们的考虑仅限于当前情势。"换言之，本案是特事特办，不能构成先例。

你看，这又是一种规则层面的后果主义考量。

不考虑后果的裁决，后果很严重

有人或许会进一步追问：在重大的疑难案件中，如果不采取后果主义思维，而是严格按照规则和原则办事，会造成什么后果？

可以说，后果会很严重。

我们再来看一个涉及美国总统的案例：1994 年的"克林顿诉琼斯案"（*Clinton v. Jones*）[4]。需要交代的是，这个案件的名称会使人误以为克林顿是原告，实际上他是被告，只不过案子经过上诉后，原告和被告的顺序发生了调换，才形成了最终留在卷宗上的案件名称。

在这个案件中，原告宝拉·琼斯（Paula Jones）是美国阿肯色州的一名前工业发展委员会雇员。她指控克林顿在担任阿肯色州州长期间对她有过不轨行为，因此要求民事赔偿。

从法律的角度来看，美国总统代表美国，因而可以就其职务行为主张管辖权上的豁免，即法庭无权对其进行审判。但在本案中，克林顿相关的行为并非职务行为，而是在担任总统职务之前的私人行为。美国总统的此类行为究竟是否可以享受司法豁免，在法律上并无定论。

案子打到美国最高法院后，克林顿并未主张总统不能在法院被起诉，也没有主张说自己有特权，甚至没有要自证清白。他只是希望法院暂缓审判，在自己的总统任期结束之后，再进入法庭接受审判。

或许有人会说，克林顿找个律师代理一下，到法庭应诉不就行了吗？况且，这也并不耽误工作。但美国的民事诉讼程序极为复杂，一旦被告应诉，就要接受对方当事人及其律师长期的调查取证程序，而且任何掌握相关信息的人都得提供证据，甚至出庭作证。比如，琼斯的律师就传唤了大量跟克林顿有过绯闻的女性，并且在庭审之前就开始盘问克林顿。

因此，克林顿才主张繁杂冗长的诉讼程序会导致总统分心公务。一旦法律开了这个口子，民事诉讼就会被政敌或者厌恶总统的人作为政治武器来攻击、骚扰总统，后果将不堪设想。

然而，九位大法官却一致拒绝了克林顿的诉求，认为克林顿应该在总统任期之内接受民事审判。大法官们的理由是：司法程序要求总统接受民事审判，出庭辩护不妨碍总统的本职工作；更重要的是，法律面前人人平等，总统也不能搞特殊，没有人有法律上的特权。

你可能会觉得大法官们真是铁面无私，丝毫不给总统特权。但是，这个案子却在美国法律界受到了广泛批评。比如，波斯纳就在《国家事务：对克林顿总统的调查、弹劾与审判》（*An Affair of State: the Investigation, Impeachment, and Trial of President Clinton*）中认为，美国最高法院针对克林顿总统的判决完全是法律人自负的体现；大法官们只顾法律原则，而脱离政治现实，没有考虑到如此判决会带来的灾难性后果。[5]

在波斯纳看来，让克林顿在任期之内就私人生活问题接受普通民事审判，不但占用总统的工作时间，更涉及总统生活方面的隐私，很容易影响总统的形象和权威，导致其无法正常履行职务。

问题真有那么严重吗？实际上，事件的后续发展完全证明了波斯纳的分析。一旦克林顿案开始调查取证，震惊中外的莱温斯基丑闻（克林顿和白宫女实习生莱温斯基之间的性丑闻）随即暴露出来。随着事件的一步步发酵，当时掌控国会并且痛恨克林顿的共和党议员们就抓住了这个千载难逢的机会，动用一切政治力量，启动了参议院弹劾克林顿的程序。

值得说明的是，弹劾总统的现象在美国历史上极为罕见。克林顿成了美国历史上第二位被弹劾的总统，上一位还是距当时 130

年前遭到弹劾的安德鲁·约翰逊（Andrew Johnson）。

当然，最后出于种种原因，克林顿并未因弹劾被定罪。然而事实上，由克林顿诉琼斯案引发的莱温斯基丑闻，以及随后的弹劾程序，严重干扰了克林顿作为总统的本职工作，导致他在第二个任期内少有作为，也严重影响了美国的国家利益。

之所以说克林顿诉琼斯案中的法官们脱离现实进行审判的后果很严重，不只是因为这样做影响了总统的日常工作，更因为它产生了长远的预期效应。这一案件的审判过程显示，任何人都可以通过起诉总统去干预联邦政府的工作日程，一旦所有人都以此为预期，就会对政府工作和国家利益造成灾难性的影响。

克林顿诉琼斯案启发我们：在一些疑难案件中，在规则不明确的情况下，裁判者不能只考虑抽象的公平正义，还要深入案件实际后果进行论证和推理。**法律是一个非常实际的行业，法律中的决策者必须考虑案件的处理结果所产生的社会后果，并据此来设计推理的过程。**

类比推理：为什么不进入传统就不能添加新物？

法律中的三段论推理是一种演绎推理，即从普遍推导特殊。比如，人要吃饭（大前提），特朗普是人（小前提），因此特朗普要吃饭（结论）。整个推理过程严丝合缝，无懈可击。

除此之外，在一些特殊情况下，当规则本身不明确，或者即便规则明确，但直接进行演绎推理会得出荒谬结论之时，法律人还会使用类比推理来解决问题。

类比推理不是从普遍推导特殊，也不是从特殊推导普遍（即归纳推理），而是从特殊推导特殊。人们在日常生活中就经常采用类比推理来论证自己的主张。比如，“你看人家老公多能挣钱，你也是老公，为啥不能多挣钱？”甚至哲学家康德（Kant）的名言，我们需要敬畏的是“头上的星空”和“心中的道德律”，也是在使用类比思维。

类比推理在法律中的运用

我们先来看一个古老的案例。2000多年前的古罗马曾经发生过一起著名的“鸵鸟伤人案”。案情非常简单：A养的一只鸵鸟把B弄伤了。案子打到法庭之后，法官感到十分棘手。因为当时的法律只规定了“四足动物伤人由其所有人负责”，但伤人的鸵鸟是两足的——如果判决鸵鸟主人承担赔偿责任，就会面临无法可依的困境；如果严格执行既有规则，判决鸵鸟主人无须承担责任，又明显有失公平，毕竟B受到了伤害，而且责任人非常清楚。

那该怎么办？最后，法官不得不突破既有规则的硬性规定，判决鸵鸟主人承担责任。在进行法律推理的过程中，法官就运用了类比思维：“鸵鸟”当然不是“四足动物”；然而，只要我们去思考相关法律的立法意图是什么，就会发现其要义在于“动物的主人应当对其动物的行为负责”。从这个立法目的出发，两足的鸵鸟和四足的兽类（马、牛、羊等）其实没有本质区别。相反，两足动物极其类似于四足动物，它们都能够伤人。因此，法律在两足和四足之间纠结并没有意义。

鸵鸟伤人案中的法官，就是在没有与案情相匹配的规则可以直接参照的情况下，通过类比推理解决了疑难问题。

实际上，稍有法学知识的人都会知道，英美法系采用判例法制度，因此法官会在判决书中大量引用过去的案例来解释法律规则，然后对照手头的案件事实得出判决结果。在这种情况下，法官自然会更多地使用类比推理。因此，英美法系的主流推理方法就被总结为“例推法”，即从之前的案例来类推现在案子的审判结果。

然而，大陆法系采用成文法制度。一般来说，法官是直接参照法律条文来处理案件的。这是不是意味着类比推理就没有用武之地了呢？实际上，大陆法系也会在某些民商法疑难案件中采用类比推理来解决问题。

1910 年，德国发生了一起名称权纠纷。当时德国牧羊犬协会（德文简称为 SV）把德国牧羊犬南德协会（德文简称为 SSV）告上法庭。原告的理由是：后者是在前者之后成立的，用 SSV 作为协会名称，明显是“傍名牌”，想搭前者名气的便车。

这个案子看起来简单，似乎只要判被告侵权即可。然而，当时的德国法院却面临一个难题：《德国民法典》只规定了保护自然人的姓名权，并没有规定保护法人的名称权。简而言之，如果原告是个有血有肉的人，别人冒用了他的名字，在法律上可以认定为侵权。但是，法律没有规定企业或者其他组织的名称能否得到同样的保护。

于是，德国法院就通过类比推理提供了解决方案。在法官看来，自然人和法人虽然有很大的不同，但两者在名称问题上却具有极大的相似性。因为无论是自然人的姓名，还是法人的名称，对于公众来说，都是“特定的姓名或者名称使用者的识别符号，使其永久而且明显地区别于同类”。因此，法人的名称权也可以参照自然人的姓名权类比适用。最终，法院宣判德国牧羊犬协会胜诉。

在该案中，属于大陆法系的德国法院就是从特殊推导特殊，利用类比推理填补了法律的空白。

在事物的差异性之间发现相似性

前文提及的还是比较简单的案例，在一些更为复杂的个案中，法律人还会从更高的抽象维度寻找两件事情之间的相似性。有些时候，法律人运用类比推理得出的结果甚至会有些反常识。

举例来说，公司雇员在出差期间住酒店发生了意外伤害，究竟能不能算作工伤呢？

现实当中还真有这样的案件。2009 年，北京市高级人民法院就对一起再审案件作出了判决[6]。案情是这样的：赵某是一家公司的职工，2004 年按照公司要求入住一家酒店参加会议。在酒店客房内洗澡的时候，赵某因为防滑垫失效而滑倒受伤，医院诊断结果显示骨折和多处损伤。

于是，赵某就认为其所受到的伤害是因为工作原因导致，应该认定为工伤，便向朝阳区劳动和社会保障局申请工伤认定。朝阳区劳动和社会保障局认为，这种情况不符合工伤的认定范围，所以不予认定。赵某于是就提出行政复议，未果之后一路将案件起诉到法院，最终在二审判决之后仍然不服，提起了再审。

很显然，这是个疑难案件。负责再审的北京高院最终判定，出差时职工在酒店洗澡滑倒也属于工伤。这或许会违背很多人的常识：出差期间洗澡滑倒，毕竟是个人原因导致的，怎么能让公司买单呢？但北京高院运用了类比推理，作出了法律论证。北京高院援引了最高法院的一个答复[7]，里面指出："职工受单位指派外出学习期间，在学习单位安排的休息场所休息时受到他人伤害的，应当认定为工伤。"

北京高院认为，虽然这个答复说的是职工受到单位指派外出学习期间受到其他人伤害的问题，但这种情况跟出差在酒店洗澡而受到伤害非常类似，都是为了单位的工作任务而外出，而且都是受到外在力量的伤害。而涉及工伤的相关法律法规的精神就是为了保护职工作为弱势一方的权利，从而跟用人单位的强势地位能够处于相对平等的关系之中。因此，法院就运用类比推理解决了问题，也就是在两个事物的差别性之间寻找相似性。

究竟应该把事情类比成什么？

在一些更复杂的案件里，法律人争论的重点不再是规则究竟能不能为我所用，而是当前的案子和之前的哪个案子更相似。当一件事情可以类比成之前的很多事情时，究竟该与哪件事类比就成了一门学问。

再拿本书已经提及的美国同性婚姻案来说，支持同性婚姻权利的大法官把同性婚姻类比为种族通婚。1967 年，美国最高法院曾经在"洛文夫妇诉弗吉尼亚州案"（*Loving v. Virginia*）[8]中，废除了美国南方各州禁止黑人和白人通婚的法律，认为其违反了《美国宪法》所规定的平等与自由条款。在支持同性婚姻权利的大法官看来，同性婚姻和种族通婚极为相似，因为两者都认定婚姻是两个人自由选择的结果，其本身的生理差异不应成为法律禁止某类结合的理由。简而言之，既然黑人和白人可以结婚，同性之间为什么不可以？

然而，反对同性婚姻权利的大法官却认为，同性婚姻和种族通婚并不相同，因为种族通婚仍然是在异性婚姻的范围内，而同性婚姻恰恰就是要挑战异性婚姻。这只是反对同性婚姻的大法官使用的第一种类比。另一种类比的逻辑更加令人惊叹：同性婚姻与多偶制（包括一夫多妻、一妻多夫，甚至多夫多妻）都在挑战一夫一妻的传统婚姻。但是，美国各州的法律都不承认多偶制，美国最高法院在判例中也从来没有支持过多偶制。现在，如果法律允许同性恋结婚，那三个人一起结婚为什么不能被法律允许？

实际上，两派大法官的核心争议点是同性婚姻到底跟之前的哪种现象更像。可以说，这直接决定了最后的判决结果。

在这里必须强调的是，类比推理是法律人解决疑难问题的方法之一，但并不能随意滥用。类比推理是否有效，关键要看类比的逻辑能否说服别人，尤其是说服法官。

有些时候，使用类比推理也是法律人无奈的选择。法律总是滞后的，无法涵盖未来出现的无穷变化。类比推理使得裁判者能够在法律条文不变的情况下适应社会的变化。

例如，1787 年的《美国宪法》原本只规定了总统是陆军和海军的总司令，因为那个时候还没有空军。后来有了空军，怎么办呢？严格来说，总统是没有合法的权力统率空军的。但当时的人们就运用了类比推理，认为空军与海军、陆军一样都是武装力量，因此也应该受总统控制。这条规定直到现在也没有被修改，但并不影响实际政治生活的平稳运转。

在《合众为一：美国宪法的深层结构》中，我曾经写过一句话："若不进入传统，即无法添加新物。"[9]法律中的疑难案件之所以难处理，就是因为遇到了新的事情，但又没有既定的规则可以参照执行。这个时候，通过回头参照旧规则进行类比推理，不仅能解决新问题，还能创新法律规则，使其随着时代的变化自然生长。

必须说明的是，上文所言的类比推理并不完全适用于刑法领域。我国《刑法》奉行罪刑法定原则：没有明文规定为犯罪的行为，不能定罪处刑。因而，这就严格限制了类推解释（即刑法之中的类比推理）的适用，除非有利于被告人。其背后的道理是定罪处刑对个人来说后果极重。只有严格限制类比推理，才能让法官严格按照法条办事，让被告人的权利得以保障，让整个刑法体系统一融贯，让整个社会有稳定的预期。

想点大事

法律是一门处理实际事务的学问，而不是纯然逻辑性的学科。法律推理当然要遵从逻辑学的基本定律，但很多时候并非简单套用三段论。遇到重大案件，必须考虑社会后果，而不能只顾"实现正义，哪怕天塌下来”。遇到没有现成规则可用的时候，它又必须运用人类最古老的类比思维，寻找当下问题与之前经验之间的联结，从而填补规则的罅隙，寻求问题的解决方案。无论是后果主义，还是类比思维，其实都在告诉你：法律的运作依靠的不仅是纯粹理性，更是社会经验。

法律思维又一次让你想得更大。在处理人际关系和社会问题时，小到邻里纠纷，大到社会事件，你都不能直接从某些抽象的原则出发，直接演绎到眼前的事情。你必须多想一步，考虑整个事件的多元利益攸关方。而在没有抽象原则可以直接套用的时候，你也必须超越时空，学会从往昔的经验中寻找点对点的类比智慧。只有这样，你才能为复杂的棘手问题提供即便不是最优的，但至少是稳妥的解决方案。

第五章

法律的发生

THINK BIG AND BEYOND YOURSELF

法律思维总是存在诸多矛盾：既要追求正义，又要考虑终局；既要追求古老稳定的权威性，又要有适应变化的灵活性；既要考虑个案结果，又要顾及长远预期；既要努力发现事实，又要减少对事实的依赖……不一而足。

法律人似乎一直在矛盾和对立中寻找平衡。如果说检验一流智慧的标准就是看能不能在头脑中同时保有两种相反的想法，还能维持正常行事的能力，法律人就是拥有一流智慧的人。

那么，法律人这种独特的思维方式是怎么形成的呢？这一章我们就来解答这个问题。

法律起源 1.0：为什么复仇会演变成法律？

从根本上说，法律思维根植于法律这种独特的社会现象。因此，要想深入理解法律思维，我们必须思考法律是如何产生的。

关于这个问题，美国现代实用主义法学创始人霍姆斯大法官曾在其名著《普通法》（*The Common Law*）中给出了一个答案：法律起源于复仇[1]。也就是说，人类的法律进化史就是一部从复仇演变为法律的历史。

这个答案或许会令很多人感到意外。因为在普通人看来，法律是一种理性的存在；复仇恰恰相反，是一种非理性、情绪化的行为。法律怎么会起源于复仇呢？

其实，如果从最底层的逻辑来看，我们就会发现霍姆斯的说法很有道理。原始的复仇和现代的法律，本质上都是一种社会秩序的维护机制。

复仇是一种社会秩序的维护机制

我们知道，法律思维的核心是“凡事讲规则”。事实上，只要是由人组成的社会，就会有各式各样的规则。即便是原始部落，内部也有各种规矩，否则便无法维持秩序。

然而，要想实现一个群体的长治久安，真正的难题不在于有没有规则，而在于怎么执行规则、怎么制裁违规者。关于这一点，法学和伦理学中有个专业术语——“矫正正义”（corrective justice）：社会原本按照规则运行，处于平衡状态；一旦有人打破平衡，违背规则，就要通过相应的机制使其恢复到平衡状态。

无论是原始复仇，还是现代法律，其实都在解决这个难题。

只不过复仇是通过私人行为来维护秩序、伸张正义，而法律是通过中立的第三方机构来执行规则，制裁违规者。

顺着这个思路我们就容易理解，为什么简单社会不但允许复仇，甚至鼓励复仇。原因在于简单社会的公权力并不发达，无法全面落实规则、实现有效的社会控制。因此，要想打击越轨行动、维护社会秩序，就必须鼓励私人复仇。无论是《旧约全书》提倡的“以眼还眼，以牙还牙”，还是中国儒家宣扬的“杀父之仇，不共戴天”，都是在鼓励私人复仇。被害者攻击施害者不但不被视为违反规则，反而被视为在维护规则。

更有甚者，复仇在有些文明中还是一种法定义务。日本著名的法学家穗积陈重在《复仇与法律》[2]一书中记载：日本武士道盛行的时期，富山藩的重臣山田嘉膳被人杀害了，但山田嘉膳的两个儿子却丝毫没有复仇之意，结果他们就被官府逮捕了。官府宣判二人“不容士道，无理至极”，因此没收其房产，将其流放到边疆。在崇尚复仇的日本武士道社会中，一旦有人不履行血亲复仇的义务，后果将极为严重。

反过来，如果一个武士跟主君说自己要去报仇，主君就会送他宝刀、给他路费、妥善安置他的家人，甚至在他复仇成功后还会隆重迎接，予以赏赐。之所以如此，就是因为勇于复仇的武士维护了简单社会的秩序。

可以说，在前现代社会，社会秩序特别需要依靠私人复仇来维护。从某种意义上来说，复仇其实是一种分散化的执法体制。

复仇为什么会演变成法律

既然复仇和法律都是为了维护社会秩序、实现社会正义，为什么在人类文明的进化历程中，复仇最终会演变成法律呢？原因在于虽然复仇对于维护社会规则来说价值巨大，但它效率低、成本高的弊端也逐渐显现出来。

首先，在复仇的语境下，复仇者既是报案人，也是侦探，甚至还是警察、检察官和法官，最终还得充当刽子手的角色，精力消耗巨大。复仇者继而没有心思从事生产，也就无法为家庭增加收入、为社会增加产出。

以著名的赵氏孤儿案为例：据记载，晋国大将赵朔被屠岸贾诬陷，惨遭满门抄斩。他的门客程婴为报答主公，养育赵氏孤儿，准备 20 年后报仇雪恨。为了这件事，程婴花费了自己后半生的全部心血。在现代人看来，程婴所付出的成本太过沉重了。

其次，在复仇体制下，如果想要生存下去，每个人都必须变得睚眦必报才行。正所谓“冤冤相报何时了”，如果人人都变得如此“不好惹”的话，合作就无法产生，大规模的生产协作就难以形成，经济繁荣也会变成一件可望而不可即的事。

于是，随着社会范围不断扩大，生产能力不断提高，社会上出现了一批专门负责处理纠纷、维护秩序的中立裁判者。新的社会分工取代了之前复仇的惯例。

可以说，从复仇到法律的演变，实际上是社会控制系统的升级，从初始系统升级到了 1.0 版本，而升级背后的逻辑，是社会分工的逐渐细化。

法律替代复仇的过程

我们可以通过一个思想实验来还原从复仇到法律的演变过程。

一个原始村落里有个最重要的规矩：任何人不得偷窃或者抢夺别人家的粮食。而张三宣称自家粮食被李四偷了，李四不承认。于是双方就起了争执，张三气不过，带着几个兄弟来报复，情急之下将李四家的粮食全部抢走。李四家自然不能容忍，旋即带着自家兄弟找上了张家，并在一片混乱中把张三杀死了。张三家在此之后又向李四家寻仇，杀死李四的一个兄弟。两家结成世仇，开始冤冤相报。

整个村子因为张、李两家的矛盾不得安生，甚至还被迫站队，导致村内分裂，无法团结起来从事生产，一直富裕不起来。更糟糕的是，每当遭遇外村威胁或者土匪抢劫的时候，全村人也没办法联合起来共同应对外敌。

最后，村民们实在无法忍受，开始寻找替代性的解决办法：一旦出现纠纷，最好在尚未造成严重后果时找到一个中立的第三方进行调解，尽快息事宁人，千万不要演变为冤冤相报的局面。

那么，选谁来当调解人呢？最好的选择对象是村里德高望重的老人——一来老人年岁较大，见过各种纠纷和矛盾，经验丰富；二来人老了之后大多平心静气，处理问题相对公正，适合调解纠纷。

就这样，以后村里一发生纠纷，人们就来找老人调解。原本因为无法从事劳动生产而被嫌弃的老人，就此扮演了纠纷裁判人的角色，后来甚至成为“长老”，在村里享有很高的权威。村里也会专门拿出一些粮食给他作为报酬——把解决纠纷这件事交给长老后，大家不必天天惦记着报仇，可以安心从事生产了。

这个承担裁判和调解功能的老人，就是法律和司法的雏形。直到今天，我们仍然可以在一些部落社会里发现这种裁判制度的前身。

当然，从村里的老人到现代司法体系，中间经历了很多过渡阶段。在过渡阶段中，充当第三方裁判角色的是各种公共权威，而非专业化的法院和法官。

以中国古代为例，这些公共权威呈现为像海瑞这样的父母官，或者像包拯这样的开封府尹，甚至是在“告御状”的场景下亲自审案的皇帝。无论如何，社会都是鼓励通过中立的第三方来解决矛盾，禁止私人复仇。

在中国古代纠纷解决的演化过程中，最关键的历史节点是商鞅变法。秦国为了富国强兵，通过法令鼓励百姓从事农业生产，勇于为国作战，特别严禁“私斗”，即禁止家族之间的血亲复仇。背后的道理仍然一样：人们只有通过社会协作，才能有更多的社会产出，经济才能发展，国家才能富强。后来，秦始皇收缴民间武器，其实不只是为了防止民众造反，也是为了杜绝私人复仇。

而在西方，解决纠纷的历史也大抵如此。比如，希腊城邦处理纠纷的公共权威是国王，审判苏格拉底的陪审团也是某种临时的公共权威。再比如，中世纪骑士制度下的决斗虽然看起来很像个人复仇，其实也是诉诸第三方来解决纠纷，只不过这个第三方是上帝。决斗结束时，谁打赢了，就是上帝判谁赢了，而且这个结果是终审裁决，子孙不可再度寻仇。

甚至家族与家族之间的军事斗争（比如著名的玫瑰战争），乃至国家与国家之间的战争（比如英国和法国的百年战争）在传统欧洲法律当中也是被当作“决斗”来看待的，由上帝来承担终极裁判者的角色。

在经历了众多的过渡阶段之后，现代社会才出现了专业的法律人群体（比如法官），以及专业化的纠纷解决机构（比如法院和仲裁机构）。

但万变不离其宗，从复仇到法律的演变过程，本质上就是一个由三方纠纷解决模型取代双方复仇模型的过程，是通过制度化、程序化的方式来解决纠纷，达成终局裁断，并用公权力来执行的体制变迁。在这个演变过程中，无论第三方裁判者是谁，都不是为了满足某个个体的正义需求，而是从全社会出发，考虑如何才能降低社会成本，促进社会发展。

然而，即便现代法律试图替代复仇，法律也没法完全取代复仇。因为复仇是人的本能，是无法通过人为设计规则的努力而完全消除的，而只能进行一定程度的抑制。

美国法官波斯纳说：“法律疏导了复仇而不是消灭了复仇。”[3]英国著名刑法学家詹姆斯·斯蒂芬（James Stephen）也指出，刑法跟复仇之间的关系，跟婚姻和性欲之间的关系一样[4]。

在我们身处的法治时代，人们同情张扣扣式的激情仇杀，实际上也是一种对于逝去时代的乡愁。

法律演化 2.0：为什么国王不能直接审案？

在复仇演变为法律的进程中，一直伴随着第三方的独立审判。到了现代社会，审判独立原则更是备受推崇，专业法律人甚至将其奉为法律制度的核心原则。这是为什么？

面对这个问题，通常的回答是：裁判者只有保持中立，才能公平地处理纠纷。如果审判不独立，法律体系就容易受到当事人或外界强势力量的影响，没有中立可言。而一旦裁判者偏私或者腐败，法律这种第三方纠纷解决模型，就会立即变为第三方联合一方打击另外一方的武器，整个社会也就会回到先前的复仇模式。

《水浒传》里武松杀西门庆就是个典型的例子。很多人都不知道，武松并不是一听说哥哥被西门庆和潘金莲毒害就立即提着刀子去报仇的。作为一名在县衙里担任公职的“都头”，他先走了一道“法律程序”，到衙门状告两名凶手。由于县官已经串通了西门庆，他们沆瀣一气，所以这件事根本没有立案。在告状无门的情况下，武松才牺牲了自己的前途，走上了血亲复仇的道路，最终被刺配孟州。可见，在解决纠纷的过程中，有一个中立的裁判者是多么重要。

此外，值得注意的是，在法律这种三方纠纷解决模型中，哪怕是最好的、最公正的法官，败诉一方也会天然地怀疑他不中立。如果审判体系不从诸多社会力量中独立出来，就更谈不上中立性了。

社会分工导致法律专业化

以上是一种最常见的回答。如果我们换一种视角，从法律演化的逻辑来看，就会发现中立性是法律人强调审判独立的原因之一，但还不是终极原因。审判独立的终极原因是法律活动的专业化。

为了理解这一点，我们来看一个为法律人津津乐道的经典故事。1618 年，英国国王詹姆斯一世（James I）召集了一批普通法院的大法官，要跟他们商量国王能不能亲自审案这件事。国王希望亲自审案，他的理由很简单：法官不过是“国王的影子和仆人”，法律的运作无非是依靠理性判断进行的，而国王同法官一样具有理性能力。因此，无论是从终极责任的角度，还是从审判能力的角度来说，国王亲自审案都天经地义。

然而，詹姆斯一世的提议遭到了当时著名的大法官爱德华·柯克（Edward Coke）的强烈反对。柯克大法官回应国王说："确实，上帝赋予了陛下卓越的技巧和高超的天赋，但陛下对英格兰王国的法律并无研究，而涉及陛下之臣民的生活或遗产或货物或财富的案件，不应当由自然理性，而应当依据人为理性和法律判断来决定。"[5]

什么是人为理性？在柯克看来，法律是一门专业的手艺，需要经过长期的学习和实践才能掌握。没有经过专业训练和多年实操，纵使一个人的逻辑推理能力超群，也不适合从事司法审判工作。换言之，柯克大法官真正的意思其实不是怕国王不公正，而是怕国王不专业。这才是法律人强调审判独立乃至职业独立更为重要的原因。

柯克的故事彰显了法律活动的专业化要求。从法律演化的角度来看，这是法律系统从之前的 1.0 版本到"更为专业的"2.0 版本的更新迭代。所谓"更为专业的"2.0 版本，包含两个层面的意思：一是在知识层面形成专业化的体系，具有很高的知识门槛；二是在实践中特别讲究经验和资历。

高门槛：法律背后是沉重的知识负担

法律是人类最古老的学科之一，欧洲中世纪最早的大学——博洛尼亚大学（成立于 1088 年）即是以教授古代罗马法而闻名欧洲。如果深究下去，现代法律的很多概念、原则和制度都可以追溯到 2000 多年前的古罗马法。从古至今，法律已经形成了专业的知识体系。因此，法律人必须花费大量的时间和精力去学习历史积淀下来的知识，而不是掌握几则公式、几张图表、几个概念就能一通百通的。

同时，即便是白纸黑字的成文法，也并非一目了然。很多法典篇幅极长、术语极多。比如，《美国税法典》翻译成中文后有将近 1400 页，加之海量的专业名词，普通人根本无法读懂。可以说，法律专业的背后是沉重的知识负担。

以我个人的经历为例，2008 年我去美国留学，当我拿到教材的时候，才真切体会到了美国法学院的教科书有多厚、内容有多长——仅仅一本宪法教材[6]就有 1900 多页，并且开本很大；全书收录了从 18 世纪到 21 世纪美国各个时代最重要的案例和文献。在一个学期内，我每周都要读完 100 页左右的资料才能去听教授讲课，否则肯定是一头雾水、不明就里。

这还只是一门课的阅读量。一般来说，一学期总共有 4 到 5 门课，那么我每周的阅读量就是将近 500 页，还要写案例摘要或者读书笔记。最有意思的是，很多法学院的学生都会带着行李箱去上课，箱子里装的都是大部头的教材。

为什么需要如此巨大的阅读量呢？毫不夸张地说，一个学生只有读完了一本 1900 多页的案例教材，辅之以大量的案例摘要写作，以及高密度的课堂讨论，才能大致了解《美国宪法》的基本内容。即便把这类大部头教材都读完，也只能说是初步掌握了这门手艺。在美国，要想成为这个行当的优秀律师，还要给大法官做法官助理，或者跟着资深律师历练多年才有可能。

除了对阅读量有极高的要求，法学学科还强调技能方面的培养，特别是短时间内处理大量信息和文字材料的能力。比如，我的很多同学在做公司并购方面的法律业务，仅处理一个案子就得看几千页的材料。如果是从事诉讼的律师就更不得了了，处理一个案子甚至要看上万页的材料和文献。如果没有经过专门的训练，普通人很难在短时间内读完如此厚重的材料，更不要说总结归纳、抓住要点了。

由此我们就可以理解，为什么世界各国的法律人（特别是法官）都有很高的门槛限制。以法官资格为例，在美国联邦法院系统，一个人必须在美国律师协会认证的法学院毕业、获得法律博士学位，并且通过律师考试才能参与法官选拔。在德国，有志于成为法官的人在完成全日制高等法学教育，并通过第一次国家司法考试成为“法学实习生”之后，还必须在司法机关或者律师事务所实习两年，再通过第二次国家司法考试，才能申请担任法官。

重实践：特别讲究经验和资历

即便有了充足的知识储备和技能，对于成为成功的法律人来说仍然不够，因为成功的法律人必须是资深的法律人。没有丰富的实战经验，即使是天纵英才，也无法成为行业翘楚。在法律圈子里，几乎没有少年英雄，成功者多是大器晚成。

因此，资历是法律行业的另一个门槛。在英国，担任法官的人必须符合职业经历的硬性规定：巡回法官须有 7 年以上的律师经验，高等法院法官是 10 年，最高上诉法院法官是 15 年。

清华大学法学院的冯象教授有一个特别有意思的说法："神童不学法。"换言之，一个十几岁的孩子可能是奥数冠军，可能是物理天才，但不可能是个好律师，更不可能是个好法官。因为如果没有生活经验，很多道理就无法理解，很多事情也没法操作。这也在一定程度上解释了为什么美国法学院不设立本科，申请者必须事先取得其他专业的学士学位才有资格进入法学院学习。

实际上，我在北京大学法学院读本科的时候也有过类似的感觉。我选修过一门有关婚姻法的课程。在学习过程中，我就很不理解其中讲的"夫妻感情破裂"是什么意思。19 岁的我没法理解，在融合了财产和双方家庭关系的复杂局面中，夫妻之间的感情是否已经破裂，以及应该如何判断。如果让一个本科刚刚毕业、尚未结婚的青年审判一起中年夫妇的离婚案，哪怕他把书本上的知识学得再好，人再聪明，很可能也无法妥善地处理纠纷。

所以说，法律人要在专业能力的基础上，靠资历，拼经验，越老越有权威，越老越有地位。由此我们就可以理解为什么美国联邦法院的法官、特别是最高法院的大法官一般都是老人。据统计，美国联邦法官 10 年来的平均年龄都在 70 岁左右。虽然美国法律没有对联邦法官的年龄作出明文要求，但在实践中却有个不成文的规矩：联邦法官至少得有 12 年的法律实践经验，否则人再聪明、再优秀也没有用。2019 年美国最高法院的 9 名大法官中，年龄最小的尼尔·戈萨奇（Neil Gorsuch）大法官生于1967年，已经52岁；最年长的大法官鲁斯·金斯伯格（Ruth Ginsburg）生于1933年，已经86岁高龄。

此外，英国的大法官以及受到英国影响的我国香港特别行政区的法官都会佩戴由马鬃制成的灰白色假发，很大程度上是因为人们希望坐在法庭上主持正义的人能是一名庄严、睿智的长者。甚者，假发越是破旧不堪，越表示其经验丰富。它成为法官资历的一种直接表现。

年龄也好，装扮也好，这些特征都是在说明负责审理案件的裁判者必须具备丰富的经验和资历，才能有良好的判断力。因此，美国的霍姆斯大法官说："法律的生命是经验，而不是逻辑。"[7]套用康德的术语来说，法律不是纯粹理性，而是一种实践理性。法律行业的成功，需要丰富的专业知识和审慎的判断力。想要成为顶级的法律人，就必须长期积累，厚积薄发。

法律演化 3.0：为什么说两大法系殊途同归？

提起各国法律的不同，即便是没有学过法律的人也大概知道，目前世界上主要有两大法系：大陆法系（又称“民法法系”）和英美法系（又称“普通法系”）。

两大法系在世界范围内分庭抗礼，很多特征截然不同。从法律规则上来说，大陆法系以成文法为主，以法典为法律规则的基本来源，比如著名的《法国民法典》和《德国民法典》，以及我国拟于 2020 年提请全国人大审议的《中华人民共和国民法典》；英美法系则是以案例法为主，以法院之前积累的判例作为法律规则的主要来源。从法律程序上来说，大陆法系的司法审判以法官为主导，看重书证，通常用演绎法来推导出案件结论；英美法系的审判则是以律师为主导，注重人证，经常采用归纳法、类比推理来得出案件结论。此外，两大法系还在诸多细节上存在差异，不一而足。

然而，如果我们透过具体制度细节的纷繁复杂和千差万别去探索两大法系的底层逻辑，就会发现两者之间根本的相似性：法律在赋予法官独立审判地位的同时，也通过各种制度确立判案标准，维护法律适用的统一性和社会预期的稳定性。要理解这一点，我们必须重新回到法律的演化进程里面去。

根据前文我们知道，法律这个社会控制系统已经更新迭代了一个版本，也就是现代法律活动的专业化。法律体系塑造了一名中立且独立的裁判者，用以解决不公正和不专业的问题。然而一个问题的解决方案，必然会带来新的问题：一旦法律实现专业化和独立化，司法系统不受政府、社会和民众的干涉，法官同时又具有自由裁量权，发生法官随意判案的情况该怎么办？那不就是用司法专制替代了以前的君主专制吗？

实际上，英国历史学家、《罗马帝国衰亡史》（*The History of the Decline and Fall of the Roman Empire*）的作者爱德华·吉本（Edward Gibbon）在评论罗马法的时候就指出："法官的自由裁量权是专制的第一引擎。"[8]现代专业化的法律体系势必面临一个两难的局面：一方面，要赋予裁判者独立的空间，使其公正而专业地解决纠纷；另一方面，又要防止裁判者过于独立，随心所欲地处理案件。

显然，这个两难问题很难一次性彻底解决，那就只能退而求其次，尽力限制法官恣意妄为。于是，两大法系都从侧面探索出了相应的解决方案，我们可以用一个比喻将其概括为四个字：零度经线。

众所周知，零度经线是指通过英国伦敦格林尼治天文台原址所在的那条经线，即本初子午线。地球上有了这条线后，不同地区就都有了参照系，人人都可以根据距离它的远近来判断自己的位置。

法律体系中的“零度经线”也是一样。既然防止法官恣意妄为的问题很难解决，那就为整个体系评判法官的具体判决划出一条辅助线，依据它去对比和评估法官的工作，从而让司法系统的错误能被看见。一旦出现问题，人们就可以依据这条辅助线去对照纠错。只有这样，才能够在一定程度上保证“法治”的确是法律规则的统治，而不是具体法官的统治。

从这个角度来看，两大法系的具体制度设计虽有不同，但仍然是殊途同归。

大陆法系：成文法典约束法官

大陆法系所划定的“零度经线”，就是通过法典来建立统一的规则体系，尽量限制法官的自由裁量权。

以 1804 年的《法国民法典》为例，这部法典是在法国大革命的背景下制定的，它从一开始就以反对王权专制和旧制度闻名于世。后世经常称之为现代第一部法典，它代表了启蒙理性和现代价值观。然而鲜为人知的是，《法国民法典》最重要的制度功能在于约束法官的行为，让法官们尽量按照统一的规则去处理纠纷，不能突发奇想，更不能随心所欲。

在这个意义上，《法国民法典》的确是有的放矢的。大革命之前，法国的法官本身已经获得了巨大的独立性，其独立程度令人惊讶：国王不但不能任命法官，不能撤掉法官，甚至连提拔法官都不行，因为法官担心国王会把特定的人选明升暗降。当时，法国的司法系统被贵族阶层垄断，形成了一个针插不进、水泼不进的圈层，不但普通民众无法介入，就连有权有势的国王也完全无法进行干涉。

更加不可思议的是，当时法官的职位是法官的私有财产，可以买卖和继承。比如，著名的启蒙思想家孟德斯鸠就是旧制度体系下波尔多地区的法官。孟德斯鸠在1714年担任波尔多最高法院推事，就是花钱买的职位；1716年，他担任波尔多最高法院大法庭庭长，则是从伯父那里继承来的。既然法官职位本身变成了一项投资或者一笔家产，法官能否公正地按照法律判案，自然要打上一个问号。

更为严重的问题是，由于法官非常独立，各地法官都根据当地的习惯法，再结合自己的主观判断去处理纠纷。因此，当时司法系统的判案规则极不统一，特别不利于商品流通和工商业的发展。伏尔泰就曾经抱怨："此事在这个村庄是正确的，而在另一个村庄却变为错误的，难道说这不是一桩荒唐可笑而又令人畏惧的事吗？同胞们不是在统一的法律之下生活，这是多么奇特的一种野蛮状态！……在这个王国里，每当你从一个驿站到另一个驿站就出现这种情况：在每次换乘马匹的时候，（适用的）法律也就变了。"[9]

因此，法国大革命之后，为了解决法官过于独立而导致的规则适用不统一的问题，法国制定了民法典。《法国民法典》第5条特别规定，法官在判案时绝对不能自己临时制定一般规则，而是要严格根据《法国民法典》的具体规定进行推理。简单来说，《法国民法典》就是要防止法官造法，造成规则不统一。

后来，1900年的《德国民法典》更是做到了极致，用极为细致和专业的语言规定了各项具体制度。德国还发展出一套专业的法学教育系统，专门培养法官，让他们严格按照三段论进行推理。

其实，不只民法是这样，刑法也是如此。比如，我们今天经常听说的“罪刑法定原则”，最早就是由大陆法系提出的。该原则不只是为了保护被告人的人权，而且也是限制法官随意定罪：在法律条文没有规定为犯罪的情况下，法官不能创造新的罪名给被告定罪。

直到今天，大陆法系的法官都特别像公务员，照章办事，规规矩矩。对于专业的法律人来说，经常听说的也都是英美法系知名的大法官，而大陆法系很少出现有名的法官。这不是因为大陆法系的法官没有创造性、不出彩，而只是制度的限制所致。大陆法系的最高理想，就像马克斯·韦伯所说：“法官就像一个自动售货机，塞进去案件的事实，然后他就根据规则吐出一个判决。”[10]

总而言之，法典就是大陆法系里解决问题的那条“零度经线”，其所形成的统一标准也约束了法官的行为。

英美法系：遵循先例

但是，大陆法系用以限制“法官造法”的法典制度，到了英美法系就不太适用了。以英国为例，英国法律体系的特点从一开始就是“法官造法”，因为缺少统一的法典，法律体系中存在大量盲区，所以必须留给法官来填补。因此，法官获得了在具体案件的审判中确立规则的权力。

19 世纪著名的英国哲学家杰里米·边沁（Jeremy Bentham），就对英国的法律体系极为不满。他认为法官权力太大，成了每个案件中实际的“专制君主”，甚至讽刺说：“你知道法官如何制定普通法吗？正像一个人为他的狗制定法律。”[11]在他看来，英国的司法系统就是一个“法官有限公司”。因此，边沁大力推动英国制定成文法典，约束法官造法的行为。英美法系后来也的确制定了一些成文法，尤其是美国，制定了著名的《统一商法典》（Uniform Commercial Code）。

但必须说明的是，英美法系约束法官、判断司法行为的主要办法，却不是靠成文法典。因为很多法典不过是把判例法进行总结归纳，用法条一条一条地写出来而已。

英美法系没有采取大陆法系的方式，而是转而“就汤下面”，在尊重自身司法传统的前提下，努力通过司法机关的内部约束来解决问题。而司法机关内部约束的主要方式就是遵循先例原则，具体而言分为两个层面：首先，本法院有义务遵循自己和那些拥有同等司法管辖权法院的先前判决，这被称为“横向遵循先例”；其次，下级法院要遵循上级法院的判决，这被称为“纵向遵循先例”。

对于纵向遵循先例，我们很好理解，就是为了保证规则在不同地区之间的统一性。但是，横向遵循先例可能就不那么好理解了。因为这个原则并非我们通常所熟悉的，从历史中总结经验，去其糟粕，留其精华；而是说，不论之前的判例是精华还是糟粕，后世的法官和下级的法官都得遵循。即便他们觉得是错的先例，也得参照执行。法律不允许法官胡来，也不许从头再来。不能说因为换法官了，就要换思想、换规则。所以，英国法学家阿蒂亚（P. S. Atiyah）才说：“先例体系的概念就是，在一些案件当中，它制约法官让他们去遵循那些他们不同意的决定。”[12]通过这种方式，英美法系最大限度地限制了法官随意判案。

当然，这并不是说法院就不可以推翻先例。但是，如果法院要推翻先例，必须是在极特殊的情况下并且有极其充分的理由才可以进行。一般来说，理由主要是时过境迁，事实已经改变，因此不能再沿用类似的规则。为了证明这一点，法官需要提供极其充分的论证。如果法院未给出充分的理由就推翻先例，必然会引起轩然大波，损害法院的正当性。

以 1954 年美国最高法院裁判的世界知名大案布朗案（*Brown v. Board of Education of Topeka*）[13]为例，当时美国南方各州都有法律规定，公立学校里必须实施种族隔离。有黑人家长起诉到法院，认为教育领域中的种族隔离违反了平等原则。美国最高法院最终宣布，学校里的种族隔离的确违反《美国宪法》里的平等原则，而且这个案子的判决实际上拉开了民权运动的序幕，使美国社会存在已久的种族隔离现象开始得以纠正。

从政治和道德上来说，布朗案的判决无比正义，无比崇高，但是从法律专业的角度来说，这个案子却激起了极大的争议。著名的《哈佛法律评论》就曾发表过一篇重量级的文章[14]，抨击美国最高法院无法无天，完全不遵守法律规则。布朗案的判词很短，英文只有 13 页，而非惯例中几十页甚至上百页的篇幅，未能提供足够充分的论证。更重要的是，布朗案推翻了半个多世纪前的普莱西诉弗格森案（*Plessy v. Ferguson*）[15]所确立的先例：种族隔离并不违反平等原则，黑人和白人之间是“隔离但平等”（separate but equal）的状态。然而，布朗案并没有作过多法律论证，仅仅引用了几篇心理学和社会学的研究成果，证明隔离会使黑人学生产生自己不如白人的感受，影响教育质量，就说之前的先例无效。这一薄弱的论证让美国最高法院饱受争议和批评。此后，美国最高法院在推翻先例的时候都会非常慎重，要充分地说明理由。

由此可见，遵循先例恰恰就是英美法系的那根“零度经线”。法律可以被逾越，但实践过程中人们可以通过先前的判例对其逾越的程度有一个大致了解。漏洞既然不可避免，就必须让它被尽可能地看见。

子贡曾经说过：“君子之过也，如日月之食焉。过也，人皆见之；更也，人皆仰之。”[16]也就是说，君子的过错就像是日食、月食，犯了错误，大家能看见，如果改正了，大家都会敬佩。

现代法律体系也是一样，既然不能保证法官每件事都做对，那就至少保证每件事的理由都能被看见。这就是社会赋予裁判者以君子的压力。

国内法演化：为什么法律门类如此繁多？

如今，几乎所有现代化国家都形成了庞大而复杂的法律体系。以中国为例，据 2018 年举行的全国地方立法工作座谈会公布，截至 2018 年 8 月，现行有效的法律是 267 件，行政法规多达 756 件。这些数目过千的法律法规涵盖各种法律门类，覆盖各种法律关系。不但外行搞不懂，内行也不敢说完全了解。

那么，面对如此复杂的法律法规，我们应该如何理解呢？

其实，就像一个家族一样，法律体系也有自己演化的逻辑。在由人组成的家族中，即便成员众多、关系复杂，只要我们能够辨析家族的谱系，就可以厘清其中的传承关系和体系结构。同样的道理，对于法律体系来说，我们只要将其还原到最初的模型，就不难看清它的演化逻辑，理解不同法律的发生过程。

法律体系的树干——民法

以家族谱系的形式理解法律体系的话，法学界有一种说法："宪法是万法之父，民法是万法之母。"

说"宪法是万法之父"，是因为它是国家的根本大法，是一切其他法律的基础。从法律的效力等级来看，很多法律（像《公司法》）在法律体系中的效力肯定不如宪法高。

至于"民法是万法之母"，则要从法律的演化逻辑出发来讨论。

前文论述三方纠纷解决模型的时候提到：随着社会分工的细化，为了解决私人与私人之间的经济纠纷，中立的第三方裁判者（比如调解人）出现了。这是最早的民事纠纷解决方式，后来逐渐演化成正式的司法体系。因此，无论是大陆法系的鼻祖古罗马法，还是英美法系的鼻祖英国法，最开始都是以解决民事纠纷为主体的。用法学术语来说，这类法律叫作私法。顾名思义，私法所处理的社会关系，就是平等私人主体之间的财产和人身关系。通俗地讲，私法处理的是"民告民"的官司。

当然，民法本身是个庞大的体系，也有不同的内部分支。比如，要确立一件物品的产权究竟属于谁，就需要财产法或者物权法；如果产权的对象不是诸如矿产、土地或者牛羊这样的实物，而是诸如小说、音乐、发明这样的智力成果，就需要知识产权法；如果两个人做生意，签订合同后又产生争议，就需要合同法；如果两个人之间没有合同关系，但一个人侵犯了另一个人的利益，就需要侵权法；如果两个人要结婚，甚至有了子女，涉及继承问题，就需要婚姻家庭法。为了让法院公平地解决这些纠纷，法律体系还设计了程序规则，告诉人们该怎么打官司，法院该走什么流程得出判决，由此便形成了与民法相匹配的民事诉讼法。

如果我们把法律体系看作一棵大树，民法就是这棵大树的树干，是我们日常生活的法律规范。

一件事情，两种纠纷：刑法的产生

或许有人会进一步追问，其他法律分支又是怎么从这个树干上分出来的？

我们再回到三方纠纷解决模型。随着国家的出现，个人与公共权力之间的纠纷也相应出现。比如，政府指控某个公民犯罪，而该公民不承认，随即形成争议。再比如，政府说一个公民不该摆摊，并且要处以罚款，但这个人认为自己不该被罚，于是产生纠纷。甚至国家立法机关出台了一部法律，有人上告说这部法律本身不合理，应该被废除，就会产生更大的纠纷。

面对这类纠纷，民法逻辑已经无法解决问题。这时候就需要另外一套法律，专业术语叫作“公法”，也就是调整涉及公共权力的法律关系的规则体系，特别是处理普通公民与政府机关之间纠纷的法律规则。

以公法中的刑法为例，从历史演化的角度来看，刑法的出现时间远远晚于民法，而且从起源上讲，刑法恰恰来自民法。

很多有关法律史的研究结果都已经表明，简单社会的法律一般不区分民法和刑法。简单来说，欠债还钱（民法层面）和杀人偿命（刑法层面）的逻辑并无本质差别。所谓刑法，在简单社会的体制中经常被算在侵权法里，后来才慢慢独立出来。而其独立的原因就在于：对于他人严重的侵害行为，不但损害了被害人的利益，还侵犯了全社会的利益，破坏了整个共同体的稳定。这样一来，同一件事情里就包含了两种纠纷：一种是两个私人之间的纠纷，另一种是个人与社会之间的纠纷。而刑法就是处理后者这种特殊纠纷的法律部门。

以英国法为例，直到 17 世纪，犯罪才与侵权明确区分开来。当时的人们意识到，犯罪不只侵犯了被害者的权益，还侵犯了国王的利益——国王的责任是保境安民、维护社会秩序，杀人放火就是冒犯国王。所以直到今天，在英国（乃至像加拿大这样的英联邦国家），刑事案件的官方名称仍然是“R v. X”。其中，R 就是“Royal”一词的缩写，代表王室；X 就是被告，代表普通公民。

在不采用君主制的国家，刑事诉讼中的原告不再是国王，而是变成了人民。但其基本的司法原理没有变，依旧是整个社会针对某个个体的诉讼。比如著名的辛普森杀妻案，其正式名称其实是“加利福尼亚人民诉辛普森案”（*The People of the State of California v. O. J. Simpson*）。其中，抽象的“加利福尼亚人民”是由该州的检察官来代理的，检察官就是人民或者政府的律师。

在上述法律纠纷中，原先民法和民事诉讼法中的平等结构就被打破了。无论是世袭的国王，还是人民选举出来的政府，在诉讼中都是强势方，而孤零零的被告是弱势方，两者实力悬殊，所持有的“武器”更不对等。由于法律是由公权力机关制定的，而法院也天然依附于公权力，所以国王和政府的力量常常是轻松完胜被告人，很容易造成冤假错案。

于是，为了解决不平等的问题，现代法律中出现了刑法和刑事诉讼法，旨在努力将原告和被告拉回到平等对抗的状态。比如，刑法里的罪刑法定原则，即“法无明文规定不为罪”，就是不让法院迫于政府的压力随意给人定罪。再比如，刑事诉讼法以及前文提及的程序正义规则，也是为了保护犯罪嫌疑人和被告人免受国家力量的不公对待。就这样，刑法和刑事诉讼法构成了法律体系中另一个不可缺少的分支。

其实，把不平等的关系拉平的逻辑也贯穿在行政法和宪法里。比如，行政诉讼是典型的“民告官”模式，双方关系天然不平等，不可能按民事诉讼的逻辑进行审判，因而就要限制政府权力。而宪法就更厉害了，它不但要限制政府权力，甚至要限制立法机关随意制定法律、随意侵犯人权。

保证第三方裁判的中立性

当然，上述提到的民法、刑法等依然不能构成法律体系这棵大树的全貌。随着现代工商业经济的发展，公权力已经不是唯一的强势力量，社会上出现了另一种强势力量——以大公司、大工厂为代表的商业组织。商业组织出现后，传统民法的逻辑也得更新迭代。

传统民法的主体一般是自然人，法律预设纠纷双方的地位基本平等。然而，随着公司的出现，问题变得复杂起来。

首先，公司不是有血有肉的自然人，而是法律上虚拟的“法人”。公司可以拥有财产、签订合同、起诉和被起诉。而像上市公司这样更为复杂的商业组织，还与众多自然人的财产相关。一旦出现问题，就不止是两三个人之间的事情，还会涉及大量民众的利益。由此就产生了一系列问题：公司如何作出决策？谁有权处理公司财产？公司如果盈利了如何分配？公司的所有者（比如股东）和公司的管理者（比如董事会）之间是什么关系？如何监督公司的管理者？公司与公司之间的交易采用什么规则？公司的拆分、合并和收购采用什么办法？面对这些复杂的问题，传统的民法制度已经无法完全奏效。

因此，一部专门的法律——公司法——就从民法这个树干上分了出来。后来，在公司法的基础上又衍生出金融法、证券法、票据法、保险法、反垄断法、破产法等枝枝叶叶。再后来，这些法律有了一个统一的名称——商法。商法所调整的社会关系，就是公司内部的法律关系，以及平等商事主体之间的关系，而不再是简单自然人主体之间的关系。

其次，公司内部的关系不只涉及股东和董事会，还涉及普通劳动者或者雇员。很显然，在公司体制下，雇主和雇员的地位天然不平等，双方的议价能力也有很大的差异。传统民法有关平等主体的预设在劳动关系中就讲不通了。因此，一个新的法律部门——劳动法——应运而生，用以解决新的问题。

以美国劳动法的发展历程为例，19 世纪下半叶，随着大公司的出现，劳资矛盾愈演愈烈，人们经常把案子打到法院。法院一开始还根据传统的契约自由原则来解决问题。比如，在 1905 年著名的洛克纳案（*Lochner v. New York*）[17] 中，纽约州规定面包工人的最长工作时间是每天 10 个小时，每周 60 个小时。有家面包店的工人却要每天工作 16 个小时，这家店的老板因此触犯法律，被政府罚款。

但面包店老板并不服气，他把案子一路打到了美国最高法院。面包店老板主张，纽约州的规定侵犯了雇主和雇员之间的契约自由。简单来说，我们爱签几个小时就签几个小时，雇主和雇员双方同意，政府不能强制干涉。最后，美国最高法院还真支持了这个说法，宣布纽约州的相应法律无效。当时的美国最高法院，就是按照传统合同关系的逻辑来理解劳动关系的。

但是，这种逻辑显然无法解决日益激烈的劳资矛盾。后来，随着 1929 年经济危机的出现，美国为了挽救国家经济和社会秩序，颁布了一系列劳动法。1933 年，罗斯福颁布《国家工业复兴法》（National Industrial Recovery Act），确保劳动者公平的工资标准；1935 年，美国通过《国家劳资关系法》（The National Labor Relations Act），保障每个工人加入工会的权利；1938 年，《公平劳动标准法》（Fair Labor Standards Act）规定了最低工资和加班费。所有这些立法都属于劳动法，都是为了保护工人的权利。所以说，劳动法处理的是新型的劳动关系问题，它的底层逻辑是把不平等的社会关系重新拉平。

这个逻辑后来被广泛运用，产生了很多新的法律部门。比如环境法最早就是要解决大工厂的污染问题，因为工业污染会对社会上“沉默的大多数”造成伤害，而被害者却无力通过单个人的力量来伸张正义。消费者权益保护法的逻辑也是如此——在现代工业生产体系下，消费者极为弱小，要特别予以保护。

从这一逻辑出发，环保法、产品责任法、妇女权益保障法，乃至未成年人保护法等新的法律门类也都出现了。这些法律后来有了一个统一的名字——社会法。顾名思义，社会法所关心的既不只是个人之间的关系，也不只是个人与国家之间的关系，而是整个社会的利益和公平。

总而言之，每一个法律分支的出现，都是因为随着社会的发展和变化，老方法已经解决不了新问题。我们同时也应该看到，无论法律体系变得多么复杂，它本质上都是为了在三方纠纷解决模型中保持纠纷双方的平等地位，最终目的是维护整个社会的平稳和安定。

国际法演化：国际法是法吗？

提起国际法，很多人可能会有个疑问：国际法是法吗？

这种疑问并非没有道理。因为和国内法比起来，国际法似乎很不靠谱：既没有什么强制力，也没有什么实效感，在弱肉强食的国际政治中显得尤其软弱无力。

比如，1928 年，法国、德国、日本、意大利、美国等 15 个国家在巴黎签订了《巴黎非战公约》，这个公约的核心内容是宣布战争非法。然而，仅在公约签订完的三年之后，“九一八事变”爆发，日本首先违反公约侵略了中国。1939 年，德国接着违反公约入侵了波兰，第二次世界大战全面爆发。

再比如，2003 年，美国以伊拉克藏有大规模杀伤性武器为由，绕过了联合国安理会，联合几个国家的军队入侵伊拉克。当时的联合国秘书长安南说，这场战争是非法的，因为它不符合《联合国宪章》的规定。要知道，安南口中的《联合国宪章》是第二次世界大战之后国际法体系的支柱，它的首要原则就是禁止使用武力。到了 2017 年，美国总统特朗普下令对叙利亚进行空袭，被国际社会认为是侵犯别国主权，干涉别国内政，又一次违反了《联合国宪章》。

类似的例子还有很多。这些事例使人们看到，国际法的权威屡屡遭到挑战，但很多国家似乎并没有因其侵略行为受到任何法律的制裁。那么，国际法到底是不是法？

其实，这也是国际法学研究者一直在讨论的问题。围绕这个问题，研究者们众说纷纭。但从法律演进的角度出发，本书的答案是：国际法是法，但却是一种进化不完整的法。

国际法并非一纸空文

所谓国际法，主要指的是由主权国家参与制定，或者国际社会公认的，调整国与国之间关系的规则系统。一般来说，它是主权国家参与制定的或者国际社会公认的法律体系。

在这里必须强调的是，并非所有的国际法规则都执行不力。“国际法”这三个字虽然听上去很遥远，但我们生活中的很多方面其实都是由国际法来保证的。

比如，我们每天都能看到精准的时间，哪怕身处的时区不同，也有统一的换算标准，这得益于由 1884 年国际经度会议所确定的计时规则。

人们从网上海淘的产品能漂洋过海寄到手上，得益于1878年《万国邮政公约》规定的国际邮件转运自由原则。民用飞机不用通知途经国家就能畅行全球，得益于1944年《国际民用航空公约》（通称《芝加哥公约》）中的相关规定。人们可以在世界范围内接电话、打电话，得益于由国际电报联盟促成的《国际电信公约》。人们能够享受来自世界各国的产品，得益于由《联合国国际货物销售合同公约》等规定的国际经济法规则。

此外，类似《承认及执行外国仲裁裁决公约》（通称《纽约公约》）这样负责国际商事仲裁的重要公约，强制各国法院不得审理拥有仲裁条款的争议。换言之，如果两个公司约定通过国际仲裁解决争议，那么缔约国的国内法院就没有管辖权。此等规定加强了国际商事仲裁规则管辖和执行的效力，在很大程度上促进了全球商业的发展。

以上这些例子都表明，国际法的很多规定在全球人民的实际生活中的确发挥着作用，并非完全是一纸空文。

更多国家开始通过法律解决纠纷

但是，仍然会有人追问：一旦涉及高度政治性的问题，比如国与国之间的领土纷争，不还是没办法像国内纠纷那样，通过正式的法律途径解决吗？

实际上，并非所有国际政治纠纷都要靠暴力和战争加以解决。随着法律在国际领域的进一步发展，越来越多的国家也在诉诸法律，意图和平解决纠纷。

以著名的英法海峡群岛案（*France v. United Kingdom*）[18]为例，该案涉及两组位于英吉利海峡的小岛，其主权归属问题长期以来在英、法两国之间存有争议。直到第二次世界大战之后，两国认为有必要彻底解决这一问题。历史上经历了百年战争的英、法两国，这一次却都同意通过法律途径解决争议。于是，两国签订特别协议，把纠纷提交到联合国之下的国际法院处理，并且表示无论国际法院怎么判决都予以接受。在案件审理过程中，两国均主张对两组小岛享有古代权利（ancient title）。简单来说，古代权利是说这两组小岛自古以来属于本国。

经过辩论和审判，国际法院表示，要判断这些岛屿归谁所有，应该看近现代历史中，谁对这些小岛实现了有效的占领，而不能看过于久远的远古时代的文献证据。从这一点来看，英国提交的证据比法国更有说服力，所以国际法院最终判决英国胜诉，法国也服从了这一判决。

英法海峡群岛案其实代表了国与国之间从相互复仇到引入第三方裁判者的解决纠纷方式的演变。这一过程与国内法的演变颇为相似。

起初，国际纷争经常导致国与国之间的战争。到了 19 世纪，国际社会虽然看起来仍然处于弱肉强食的状态，但国与国之间已经开始避免用战争方式解决冲突。法国大革命后，欧洲形成了一种大国协调机制：两个国家产生冲突和对抗的时候，当时的五大国（俄国、奥地利、普鲁士、英国和法国）便会出面调停，避免冲突演变为毁灭性的战争。其现实效果颇为不错：1914 年第一次世界大战爆发前，欧洲基本维持了和平的局面。这种协调机制也颇类似于一个村庄里的两家人产生冲突，村里有威望的几大长老出面调解，化解矛盾。这是国际法演化的第一个节点。

第二次世界大战之后，国际社会基于对世界大战惨痛经历的反思，特别是对纳粹德国侵犯人权的暴行的谴责，成立了联合国，制定了《联合国宪章》。《联合国宪章》确定了国际交往的基本准则，特别是尊重国家主权、禁止使用武力、保护普遍人权等原则。同时，联合国专门设立国际法院，旨在通过司法化的途径解决国际纠纷。这是国际法演化的第二个节点，也是最为重要的标志。联合国和国际法院的成立，意味着国际法开始像国内法一样发挥效力了。

尼加拉瓜诉美国

当然，国际法还比不上国内法那么发达。联合国毕竟不是“世界国家”，没有自己的军队和警察来执行国际法，因此仍然要依靠民族国家，特别是大国（如联合国安理会常任理事国）的力量。另外，国际法院作为中立裁判机构，力量也颇为有限。国际法院要开庭审案，必须建立在两个国家都接受该法院管辖权的基础之上。如果有一国不同意，国际法院就无权管辖。用专业术语来说，国际法院并不具有强制管辖权。这一点与国内的法院很不一样。

实际上，因为有自由选择的权利，并非所有国家都愿意接受国际法院的管辖。甚至在有些案件里，即便一个国家之前已经表示接受管辖，中途也可以撤出。这是国际法面临的真正难题。

以我的博士生导师、耶鲁大学法学院教授保罗·卡恩代理过的一个案子——国际法历史上著名的尼加拉瓜诉美国案（*The Republic of Nicaragua v. The United States of America*）[19]为例，在这个案子里，我的导师作为小国尼加拉瓜的代理律师，挑战世界大国美国。

1984年，尼加拉瓜在国际法院起诉美国，理由是美国应对其在尼加拉瓜境内所做的非法军事和准军事活动负责。美国随即质疑国际法院受理此案的管辖权。

实际上，早在1946年，美国就已经发表过声明，表示接受国际法院的强制管辖权。但到了1984年，在尼加拉瓜正式向国际法院提交诉状之前，美国却先发制人地通知联合国秘书长，表示美国1946年发表的声明是存有保留的，即虽然接受国际法院的管辖，但管辖范围并不包括拉美国家起诉美国的案件——位于中美洲的尼加拉瓜就是一个拉美国家。更加令人大跌眼镜的是，在国际法院给出初步判决之后，美国直接退出了诉讼。最终，国际法院作出的是一个缺席判决。此后，美国就再也没有重返国际法院。

要知道，美国可是第二次世界大战后推动联合国成立的主力，也是国际法的倡导者之一。然而到了1984年，美国已经不那么尊重国际法院和国际法了。美国在尼加拉瓜案中的立场表明：国际法院拥有的仍然只是国家选择性的管辖权，而不是强制性的管辖权。

国际法问题是进化程度的问题

正如我们在前文中看到的那样，在涉及经济商贸和日常生活的问题上，国际法已经非常有效了。像海商法、国际投资法、国际经济法都运行良好。但在涉及国际政治斗争，特别是涉及大国问题的时候，国际法还没有那么有效。

然而，如果我们从国内法的进化历程来看，法律就是如此一步步走到现在的——从暴力复仇到公共权威，从公共权威到专业司法体系——经历了极为漫长的过程。因此，关于“国际法到底是不是法”的问题，本质上是个进化程度高低的问题。

在尼加拉瓜诉美国一案中，当时美国驻联合国大使柯克帕特里克（Jeane Kirkpatrick）就表示，国际法院是一个“半法律、半司法、半政治的实体”（half legal, half juridical, half political body），各国有时候接受它的管辖，有时候不接受。[20] 虽然这是在否定国际法院的权威，但反过来也能说明国际法的确是有部分法律性质的。

在当今世界，无论是俄罗斯还是美国，在采取军事行动的时候，总还是要找点儿国际法上的理由，比如以联合国安理会的决议为背书，因为在联合国塑造的国际法体系下，任何军事行动都相当于国际警察去执法，必须获得法定权威机关的授权才行，而安理会就是负责国际和平与安全的权威机构。虽然联合国大会还不像民族国家的议会那样有制定统一规则的权力，联合国安理会也不像国内的警察局那样具有强有力的执法权，国际法院更不像国内法院那样具有强制的管辖权，其判决也没有强制执行力，但是，以联合国为主轴的国际法体系已经具备了基本的法律体系雏形，只不过羽翼还没有丰满。

现任国际法院法官詹姆士·克劳福德（James Crawford）经常引用著名国际法学家、律师伊恩·布朗利（Ian Brownlie）的一句名言："如果你质疑国际法的真实性，看看我的银行账户余额就可以了。"[21]意思是说，即使不把国际法放在眼里的大国，在遇到国际法问题的时候，仍然要花钱请国际法律师和法学家来帮忙找找法律上的理由，而不能赤裸裸地诉诸武力。

总而言之，在当前的国际社会中，国际法的确还不是维护正义的最后一道防线，但它至少已经是一道初步的防线了。认为国际法是成形的法律，自然不符合事实；但反过来，认为国际法完全不起作用，也不符合事实。国际法仍然是一种处于进化之中的法律门类。

律师的演化：为什么更多律师不打官司？

作为一种社会职业，法律职业的产生是社会分工演化的结果。随着现代法律越来越专业、越来越复杂，普通人已经被彻底隔绝在法律大门之外。无论是在知识层面还是在职业技能层面，法律行业都变得极为封闭。外行一旦吃了官司，就需要一位引路人，而这位引路人在大多数情况下就是律师。因此，我们有必要从法律演化的角度，来考察律师这个行业的发展历程。

实际上，现代律师有一个令法律人感到骄傲的高贵起源，我们可以称之为“国王的律师”——在中世纪和现代早期的欧洲，很多罗马法专家都是专门为国王提供法律服务的。

国王为什么需要律师？因为当时的欧洲各国国王，一方面要跟天主教会争夺主权，另一方面又要跟其他国王争夺王位，身边就需要有人提供法律论证。于是，精通罗马法（普遍适用于当时的欧洲各国）的专家，自然成了国王的法律顾问，甚至被国王引为心腹，为民族国家服务。可以说，他们塑造了现代律师的雏形。

一直到今天，这种为国服务的传统仍然被保留在律师业。例如，美国的司法部部长不仅仅是一个联邦政府官员，同时还是联邦政府的首席法律顾问和首席律师，负责处理法律事务，比如代表联邦政府向联邦法院提起诉讼，为总统和政府各部门首长提供法律咨询意见等。美国的司法部部长所服务的对象，抽象地说是美国这个国家，具体地说就是总统这个民主社会的“国王”。

从中世纪服务国王开始，最早的现代职业法律人慢慢地从英国发展起来。这些掌握专业知识和技能的职业人士，专门替人打官司，上至国家，下至百姓。后来，其他国家也开始模仿。就这样，律师群体逐渐正式成了为外行提供专业服务的法律专家。

当时，高深的行业壁垒和职业准入资格使得只有贵族才能从事律师行业。于是，律师这个群体形成了一个特征，叫“高贵的消极性”（noble passivity）：律师等着客户上门求自己办事，而不是主动寻找业务，更不会放下身段拉客。比如，英国有资格在任何法庭作辩护的出庭律师（barrister），他的律师袍背后有一个口袋，意思是律师根本不会直接伸手拿钱，而是客户硬塞给他的。直到今天，由于受到英国法律传统的影响，我国香港特别行政区的大律师也不会直接和客户谈钱，而是派初级律师（solicitor）对接。

律师群体的内部分化

上文提到的律师一般被称为诉讼律师，即替人出庭打官司的律师。我们在律政剧里看到的通常都是这个群体。但是，如果你今天去北京、上海的 CBD（中央商务区），或者香港中环、纽约华尔街看看，就会发现在写字楼里工作的很多律师根本不出庭。他们一般被称作非诉律师或者商业律师。那么，这种新型的律师职业又是怎么出现的呢？

实际上，非诉律师是律师行业演化过程中的一个“新物种”。在它的演化过程中，最具标志性的事件是“华尔街律师”的兴起。所谓华尔街律师，不是说一定在华尔街工作，而是说此类律师无论在服务对象上，还是在业务模式、服务理念上，都与传统诉讼律师有很大的不同。

19 世纪下半叶的美国，随着工业革命的推进，大公司不断出现，商业模式也不断发展，人们熟悉的摩根集团、洛克菲勒财团都是在这个时候崛起的。随着大公司的出现，新的法律需求也应运而生。这些公司的诉求不仅仅是打赢官司，更重要的是避免纠纷，最好可以不打官司。不同于普通个人，大公司一旦面临诉讼，可不是一起两起，也不会只涉及个别问题。比如，一旦发生产品质量纠纷，公司可能会在几十个州同时被起诉，甚至涉及很多方面的法律问题；一旦进入法庭并且败诉，也不只是提供经济赔偿那么简单，整个商业模式都可能因此垮掉。这个代价对于大公司来说太过巨大了。即便最终胜诉，公司也会因为高昂的律师费用、冗长的案件审理程序而承担经济损失或带来商誉风险。

因此，大公司对于法律业务的新需求就对律师提出了新要求。公司不希望吃了官司之后，再找律师来摆平，而是要“不战而屈人之兵”，主动通过“防御性法律业务”来避免诉讼的发生。

此外，对于大公司来说，只应付普通的法律诉讼并不足以确保万无一失。针对新兴的工业经济，政府会逐渐出台各种法律法规，特别是针对资本市场，监管部门会经常发布各种政策，这就构成了一个庞大的规则体系。如果一家公司希望业务逐渐扩大、交易足够安全，就特别需要未雨绸缪，在设计商业交易的时候保证尽量合规。

因此，这些大公司为了能够平稳发展，就愿意支付可观的费用，请精通公司法律业务的律师来避免纠纷，努力做到合规。面对财大气粗的大公司客户，很多律师自然也是趋之若鹜，把服务对象从个人客户转变为企业客户，把业务场景从法庭审判转向商业谈判桌。很多律师开始努力钻研与公司融资、并购、上市等问题相关的所有合规业务，逐渐成为该领域的行家里手，以便更好地为大客户服务。

面对新业务，律师的核心能力也有所转型：不再是唇枪舌剑地在法庭上进行辩论，而是要在静默的环境中研究各种商业交易模式、法律文件、监管规定，让企业的商业动作合法合规。于是，律师已经越来越多地参与到公司的商业事务中去，而不仅仅是诉讼事务。

企业法务的兴起

甚至到了后来，一部分律师直接走出律所，去公司工作，从乙方变成了甲方的一部分。于是，所谓“企业法务”就成了一个新的行业类型。

比如，我在北京大学和耶鲁大学读书时期的很多同学，从法学院毕业后都加入了律师事务所，他们首先从事的就是非诉业务。但是，没过几年，有一部分同学就转到企业做法律顾问，彻底成为公司的雇员。此后，这些同学就要从整个企业管理的角度来考虑法律问题了。

有一次，我跟国内一家互联网巨头的副总裁兼法务负责人聊天。她表示，她自己经常跟手下的法务说：“如果你只会办案子，我要你干什么？”意思是说，公司法务与传统诉讼律师相比，必须具有多元的思维模式。一名优秀的商业律师和公司法务，除了必须有律师证、会打官司之外，还要懂财务、懂商业、懂管理，甚至还要有极强的社交能力，才能够应对公司所面临的极为复杂的法律问题。

当然，从传统诉讼律师到现代非诉律师，再到企业法务的转变，是不是历史的进步，是一个见仁见智的问题。耶鲁大学法学院前院长安东尼·克隆曼（Anthony Kronman）在《迷失的律师》（*The Lost Lawyer*）一书中表示，商业律师的崛起是律师业的沦丧，因为律师已经从公共人士变成了资本的附庸，丧失了传统律师的独立性和尊严感。[22]但是，随着社会分工的不断演化，这种转变又是必然的。

律师行业组织模式的变迁

律师行业内部的逐渐分化不仅仅是业务模式的转变，同时也是律师行业组织模式的改变。随着商业律师的崛起，现代的大型律师事务所应运而生，取代了之前的“手工作坊”。

为什么说是手工作坊呢？因为传统的诉讼律师基本上都是单干户，即便当时有律所的组织存在，但律所也只是由两三名律师合伙经营的，经常是一个人负责出庭，其他人准备材料、打打下手。林肯在做总统之前就是这种律师。

实际上，直到今天，我们国家很多城市里的律师事务所仍然采取这种小作坊模式。这些律所主要负责打官司，并且合伙人不多，一般被称为“小所”。即便有的律所的成员并不算少，但因为内部管理松散，基本上仍然是律师自己单干。

相比而言，北京、上海 CBD 的律所常常拥有几百名合伙人，这些律所被称为“大所”，主要做非诉业务，而且它们内部组织和管理的方式也更为现代化和理性化，比如律师圈子里流传的所谓“红圈所”（一般包括通商、环球、海问、竞天公诚、君合、金杜、中伦、方达这些顶级律师事务所）。所谓“小所”和“大所”之别，不仅在于规模大小，更在于业务组织模式有差异。

让我们再回到律师业的演化进程来看。所谓“大所”最早起源于美国。19 世纪初期盛行的律师事务所多为“小所”，但随着业务的不断迭代，律师的规模越来越大，组织方式也越来越朝向公司化方向发展。原先一两个人或者两三个人组成的小作坊，逐渐扩大为拥有多名律师的事务所。20 世纪初，著名的苏利文和克伦威尔（Sullivan & Cromwell）律师事务所就已经有了 10 名律师。之所以有此种变化，就是因为公司法律业务太复杂，一个律师不可能同时懂合同、懂信托、懂债券发行、懂并购……团队协作变得不可或缺。

在从小所到大所的演化过程中，一家名叫克拉瓦斯（Cravath）的美国律所扮演了非常重要的角色。正是这家律所创造了所谓的“克拉瓦斯体系”（Cravath System），也被称为“法律工厂”模式。顾名思义，克拉瓦斯体系把律所从松散的个人合伙组织变成了高度等级化的公司型组织。比如，它不像之前较小的律所那样，只招聘志同道合的伙伴或者亲戚，而是从哈佛大学、耶鲁大学等名牌大学的法学院毕业生中招纳良才，让他们进入律所，通过实习和培训，成为全职雇员，然后一级级晋升。到了 20 世纪，克拉瓦斯体系造就的大所模式成为法律服务市场发展的主力。实际上，克拉瓦斯体系也为中国所复制。比如，一个法学院毕业生到了大所工作之后，其薪酬也是根据进入律所几年来算的，所以年轻律师一般都称自己是“几年级的律师”。

由此看来，客户的需求推动了律师职业内部组织方式的变革。我的同学、美国苏利文和克伦威尔律师事务所的郑叶青律师，曾经如此描述小所和大所的区别：“诉讼主要靠少量明星律师，未必需要很大规模的律所；但非诉业务靠的是团队协作，必须依靠大所的组织模式。”

其实，我们国家的律师行业发展历史也大抵如此。虽然律师行业是在改革开放之后才开始发展起来的，但也在短时间内经历了从诉讼业务到非诉业务、从小所到大所的转型。

1979 年上半年，国家开始恢复律师工作。当年 6 月，国内第一家法律服务机构“广州市法律顾问处”成立，随后一系列类似的机构相继成立。但是当时，这些机构大多都是事业单位，律师也还是“国家干部”身份，主要负责诉讼业务。又过了几年，这些“法律顾问处”才改名为“律师事务所”。1983 年，我国第一家律师事务所——深圳“蛇口工业区律师事务所”成立。1992 年，我国第一家私人出资的合伙制律所——上海“段和段律师事务所”也正式挂牌成立。

后来，随着外商在中国投资越来越多，很多外资公司或者中外合资企业就需要聘请专业的非诉律师来处理法律业务。刚开始，大公司都喜欢找外资律师事务所（简称“外所”），比如第一家进入中国市场的外所——高特兄弟律师事务所，它在落地中国时非诉业务已经非常成熟了。

随着行业的发展，很多中国律师也开始转变思维，逐渐精通非诉业务。一位中国的资深律师如此描述这种思维的转变：“我刚开始工作时根本没有商业意识，不过，我的合伙人是从外所回来的，他经常强调律师必须服务于客户，不能单从法律理论出发，应当从客户目标出发，这样我才慢慢有了感觉。"

从国王的律师、百姓的律师，再到为公司服务的商业律师和直接到企业上班的法务，以及大型律所的出现，律师行业一路走来的发展进程可谓波澜壮阔。律师行业的分化，是法律行业与社会需求之间复杂互动的典型体现。

想点大事

在这一章中，我带你看了极简的法律发展史。我们没有拘泥于历史细节，而是力图洞悉法律起源和发展的逻辑历程。法律起源于复仇，而超越了复仇；它起源于人类本能的正义感和报复性，但却以理性的、规则化的程序正义，疏导了报仇的激情。从原始复仇到公权力的出现，从行政、司法不分到专业裁判者的兴起，再到约束裁判者的法律体系的构建，再到法律体系和法律职业本身的不断增长演化，法律一步步形成了我们今天所看到的"迷宫"和"大厦"。

然而，万变不离其宗。只要我们能够将复杂还原为简单，就能看到法律体系的底层体系结构和深层演化逻辑。我们也能够看到整个社会对法律体系的困惑、不解乃至质疑，以及法律内部的种种矛盾冲突（如实质正义和程序正义的冲突），都源于第三方裁判模式取代了血亲复仇模式。无论法律体系进化到什么程度，这种根深蒂固的逻辑都依然存在。

明白了这一点，或许你在看待一些热点案件的时候，就能够有更大的思考格局。一方面，你对具体当事人的不幸甚至惨况会给予共情式的理解；但另一方面，你也能够超脱情绪，从体系的高度和演化的深度去看待一些看似无法理解，甚至令人愤慨的问题。你能够从一滴水中看到大海，并且在大海的视野中重看那一滴水。

我相信，生活当中的很多事情，也必须这么来看才能有更深的理解。

第六章

法律与社会

THINK BIG AND BEYOND YOURSELF

法律是一套用以维护社会秩序的规则体系，也是用来化解社会矛盾的程序系统。本书之前的内容，已经涵盖了法律系统的内部运行机制。最后一章将从社会科学的视角切入，展现法律与社会之间的密切互动，以及在互动过程中产生的新问题。

司法的“产品”：判决书没写什么？

我们首先从一个故事讲起。

得到 App 的创始人罗振宇老师曾经在央视担任《经济与法》节目的制片人。谈起这段经历，罗老师说做内容类的节目永远都缺好的选题。那么，罗老师是如何遴选好的社会议题，并将之确定为选题的呢？

他想了一个办法，就是去法院查阅判决书，从中发现那些判决理由或者判决结果反常识的案子——由此而来的选题，自然是既有深度也有热度。不得不说，作为一个非法律人士，罗老师抓到了理解法律体系的一把重要钥匙——判决书。

实际上，判决书是司法系统处理案件最终输出的结果。需要注意的是，该判决不仅是给当事人的交代，也是给全社会的一个交代。因此，法院的判决书原则上都是要公开的。换句话说，判决书是整个“法律工厂”向全社会输出的“产品”。判决书必须明确告诉全体社会成员：一个案子的事实是什么，判决结果是什么，为什么作出这样的判决，法律上的理由是什么，法官的推理过程是什么。

此外，判决书还具有塑造社会预期的功能，即在提示全社会，以后类似的事情法院大体上会怎么处理。判决书在法律程序里自然是终点，但对于全社会来说，它只是一个起点。

事实认定部分的逻辑缺环

一份标准的判决书有严格的格式要求，一般分为标题、正文和落款三个部分。标题包括法院名称、文书名称和案号。正文包括首部（诉讼参与人及其基本情况）、事实、理由、裁判依据、裁判主文（法院的处理决定）、尾部（包括诉讼费用承担和告知事项，如上诉途径和期限）。此外，落款部分是法官、书记员的署名和日期。

当然，判决书中最为重要的就是正文，特别是陈述案情和判决理由的部分。实际上，无论一份判决书有多长，读者只需抓住最核心的两个关键词，就能掌握整个判决书的结构。

第一个关键词是“经审理查明”。当人们在一份判决书里看到这五个字的时候，后面的内容一般来说就是案件事实。换言之，就是在法官眼中究竟发生了什么事情。另一个关键词是“本院认为”。当这四个字出现的时候，接下来一般就是法院给出的法律理由。也就是说，当法官认定了案件事实之后，依据何种法律规则对事件作出评判和处理。

总结一下，“经审理查明”五个字之后所述内容属于“事实认定”，“本院认为”四个字之后所述内容属于“法律推理”。一份判决书由此浓缩了本书之前提及的基本要点：事实的发现、规则的运用、推理的过程。法律最基本的思维模型全部体现在其中了。

但是，如果人们看得足够仔细的话，会发现判决书的正文里有一个逻辑缺环：在事实认定部分，判决书基本上是“不太说理”的。换言之，法官并没有告诉人们，他 / 她认定案件事实的思维过程。实际上，我国绝大部分判决书都是如此操作，只有很少的例外情况。

或许有人会说，法官一般都会在判决书里列出认定事实的相关证据。但即便如此，法官并没有表明他 / 她是怎么从罗列的证据出发来得到整个案件事实的。反之，他 / 她直接下了判断——事情就是这样的。要知道，在一个案件当中，双方当事人及其律师经常围绕案件事实提出不同的说法，而且面对同样的证据，不同的法官也可能会得出不同的判断。但是，最终宣判的法官却不会在判决书中明确表示他/她究竟是如何从现有证据中得出自己对于案件事实的判断的。

值得强调的是，这里只是说判决书在事实认定部分不太说理，但在适用法律、法律推理、得出判决的部分，是必须也必定充分说理的。

给出判断，不说理由

实际上，我国司法系统已经通过各种措施加强裁判文书在事实认定部分的说理。最高人民法院曾经明文要求，法官应该说明裁判所认定的案件事实的根据和理由[1]；2017 年新修改的《民事诉讼法》第 152 条也规定，判决书应当写明判决理由，包括“判决认定的事实和理由”。然而在现实中，法官在判决书中的事实认定部分仍然不愿过多着墨。

原因何在？或许有人会说，这当然是因为沉默是金、言多必失的实践智慧。其实更为深层的原因在于，法律中认定事实的理由本身很难说清楚。本书在“事实的发现与描述”那一章已经反复强调，在法律里发现事实极其困难，过去的事件很难完整还原。

此外，为了保证司法公正，避免产生先入为主甚至偏私裁判的可能，司法系统还要求裁判者必须事先对案情一无所知。

法官事先对案情一无所知，还必须认定事实，这简直是难上加难。正义女神一旦被蒙上双眼，她自然更加公正，但也更加“盲目”。更何况，双方当事人及其律师考虑自身利益，还会通过各种方式隐瞒事实，甚至通过各种技巧塑造和影响裁判者的认知。即便法官能力再强，也无法保证一定能够还原事实真相，并且给出无懈可击的理由，因为这远远超出了人类的一般认知能力。法官只能根据双方当事人提交的证据和各自的陈述，在有限的时间内作出判断。尤其是在疑难案件中，此种判断至多只能无限接近真相，而无法真正还原真相。然而，对于社会公众来说，司法机关在每一个案件中发现真相，是一种普遍的期待。如何让法官的事实判断获得更强的说服力，就构成了一个难题。

于是，为了让裁判者的事实认定有一锤定音的效果，各国法律制度采取了各式各样的办法。但是万变不离其宗，这些办法的核心秘诀就是“无招胜有招”。按照北京大学法学院苏力教授的总结，就是不说理、不论证、直接靠判断来认定事实[2]。

英美法系的陪审团制度就是如此。英美法系的审判一般分为两个部分：事实审（负责发现案件事实）和法律审（负责适用相关法律）。其中，事实审部分经常动用陪审团的力量，而非职业法官，即选择 12 名普通人，让他们负责发现事实，听审案件，检看证据，最后经过内部审议，就事实问题得出最终判断，比如被告是不是凶手，有没有罪，等等。陪审团的审议过程绝对秘密进行，给出的结论也完全不附加理由，之后陪审团成员就消失在茫茫人海，无迹可寻。所以有人戏称，如果是陪审团定你的罪，你只能怪上帝。

大陆法系虽然较少采用陪审团制度，但在认定事实方面的做法也非常类似。大陆法系的法官依靠一种叫作“自由心证”的制度来认定事实。简单来说，法律并不预先设置硬性规则要求法官如何认定事实；法官听完双方陈述和辩论、检看证据之后，根据自己的内心确信来判断事实——认定什么样，就是什么样。

举例而言，《法国刑事诉讼法》第427条规定：“除法律另有规定的以外，犯罪可以任何证据形式认定，并且法官依其内心确信作出决定。”那么，法官究竟如何形成内心确信？

法官不需要回答这个问题。正如上述这部法律第353条的规定：“法律不要求法官们说明通过何种方式达到自我确信，法律也没有规定法官们确认证据完备与充分应特别遵循的规则。法律规定了法官们在沉默和静心中独立思考，用他们良心的真诚去探究所有指控被告人的证据和被告人的辩护理由给自己理智头脑留下的印象。法律只向法官们提出限定其职责全部范围的唯一问题：‘你们已经形成内心确信了吗？’”

再比如，德国法院的刑事判决书一般会在事实认定部分径直描述一个故事，将案件事实完整呈现，甚至连证据都不列（我国的判决书通常需要列举证据），通过叙事本身的力量达到令人深信不疑的效果。至于法官究竟为何在内心中确信，为何确定这个故事就是案件事实，判决书中只字不提。

总而言之，在认定事实的问题上，现代法律体制采用了一种“此处无声胜有声”的策略。无论是陪审团的秘密审议，还是法官的自由心证，都是由裁判者根据自己的内心确信直接认定事实。当然，这并不是说陪审团和法官随心所欲——毕竟，在大多数简单案件中，裁判者自然是以证据为判断依据，只是在一些极端困难的复杂案件中，裁判者必须诉诸自己的内心确信来作出决断。

饱受争议的彭宇案

或许有人会进一步追问：如果裁判者就是要在判决书中展现认定事实的思维过程、理由和根据，又会发生什么状况？

有时会引起极大的争议，引发严重的后果。2006 年，震动全国的彭宇案判决书[3]就是一个典型的例子。

彭宇案的基本案情是：2006 年 11 月 20 日，老人徐某在公交站等待公交车的时候倒在地上。刚下车的青年彭宇搀扶了她一把，结果发现老人受伤了，于是彭宇联系老人的儿子，一起把她送到医院，还给了她 200 多元作为医药费。

经过医院检查，老人已经骨折，治疗费用很高。于是，老人和她儿子就与彭宇发生争执，认为彭宇撞倒了老人。在去派出所未能达成和解之后，老人就把彭宇状告至法院，一口咬定是彭宇撞的她，索赔 136 419.3 元。彭宇则表示自己无辜，而且是见义勇为，主动帮助老人。随后，法院一审宣判，彭宇的确撞倒了老人，因此需要赔偿对方 45 876.36 元。

彭宇案在当时的社会影响极大。彭宇到底是撞了人而不承认，还是见义勇为反被冤枉，引起了广泛的争议，甚至引发了人们对于社会公德的大讨论。

然而，从法律的角度来讲，彭宇案之所以引起巨大争议，其中一个很重要的原因是，法官在判决书里特地撰写了认定事实的理由，并由此遭受了无穷的质疑。

彭宇案的法官在判决书的事实认定部分做了较为细致的推理。首先，法官指出，常理告诉我们，第一个下车的人，与车旁边的人相撞的可能性比较大。彭宇承认自己是第一个下车的，因此他撞人的可能性很大。

其次，法官指出，一般来说，做好事的人在对方家人到来之后，完全可以言明事实经过，让其家人负责随后送往医院的事务，自己即可离开。然而，彭宇不但没有离开，还亲自把老人送到医院，显然不合情理。

再次，彭宇支付的200多元在原、被告之间存在争议。原告认为是被告垫付的赔偿款，被告主张是借款。法官认为，根据常理推断，正常人一般不会贸然借钱给陌生人，即便借出了钱，也肯定会找旁边没有利害关系的人加以证明，或者让对方打个借条。然而，彭宇并没有按常理出牌，给了老人200多元钱，也一直未要求归还。这种情况大多是当时撞了人，先行垫付费用。

相信细心的读者已经发现，彭宇案中的法官就是按照经典的三段论进行事实推理的。大前提是社会情理或者生活经验，小前提是彭宇的种种行为，最终的结论是彭宇撞了老人。

然而问题在于，在认定一件事究竟有没有发生的时候，人们是不能从一般推导特殊的。根据一般常理或者社会经验，我们最多只能说有 99% 的概率是这样。至于事情究竟有没有发生，却不能用概率进行计算。打个比方，即便一个人一年之中的出勤率是 99%，也不能证明他 / 她在某日就一定在上班。同样的道理，即使 100 个类似案子里有 99 个是如此，你也不能说手头的案件就一定是这样。

需要说明的是，虽然对于法律内行来说，“事实真相无法百分之百还原”是个常识，但是广大社会公众仍然对司法机关抱有彻底追究真相的期待。仅靠盖然性的推论显然无法满足社会公众的期待，还容易招致巨大的压力。正因为如此，彭宇案中围绕事实认定部分的推理和说理引起了轩然大波。法官最后也因为巨大的社会压力被调离了。

彭宇案的社会反响告诉我们，在事实认定的环节，法官进行充分说理未必是好事。而其背后的深层逻辑就在于，在事实认定的问题上，论证未必比信念更有力。哲学家维特根斯坦就曾经指出，在事实问题上，论证并不比认定能获得更强有力的结论。而所谓“认定”本身就是不太能说明理由的：我认定此刻眼前的交通信号灯是红色的，而不是绿色的，但我无法说明理由。

更为重要的是，凡是论证都存在反驳空间，别人可以挑出论证过程中的逻辑漏洞进行反驳。但是，如果认定结果且不给理由，则是无法驳斥的。比如，我认定眼前的交通信号灯是红色的，没有理由。别人至多只能纠正，而无法反驳。因此，英国著名法官曼斯菲尔德曾经给一个新法官提过一则广为流传的忠告："你的决定可能是正确的，但你的理由肯定是错的。"[4]

总而言之，判决书是整个司法程序提供给全社会的"产品"，其中展现了很多内容，但也有三缄其口的地方：在事实认定环节，基本只给决定，不太表明理由。这看起来没什么道理，但却是法律人为了使事实认定更有说服力而找到的一种没有办法的办法。

时间成本：为什么很多案子总是拖很久？

正像人类社会的任何一种制度一样，法律体系和司法系统永远不会尽善尽美，总是存在种种缺陷。因此，社会公众对于这套系统会有很多抱怨，最常见的就是腐败和懒政问题。

司法腐败问题此处不做过多讨论。相比而言，法官懒政问题值得我们专门进行探讨。为什么？因为在很多社会公众看来，司法系统存在一个严重的痼疾——拖延症。在很多人看来，拖延症的病因是法官本身懒政不作为，处方则是通过各种举措敦促法官勤于本职工作，尽力为社会服务。

在很多外行的眼中，司法拖延症在各国法律实际运作中的病情都非常严重。

先看美国。2014 年，有新闻报道显示，美国联邦法院有 16 000 多个案子拖了三年还没有判决。两名负责司法管理事务的高级官员表示：对于这种现象，除了尴尬，也没有什么办法。由于美国联邦法官身着黑色法袍，有人甚至为司法拖延现象发明了一个短语——“黑袍综合征”（black robe disease）。

欧洲大陆国家也是如此。早在1979年，就有学者研究发现，德国法官每年人均办案量是206件，只有英格兰和美国加州法官的五分之一。可是，他们的人均财政开支却是最高的，由此得出结论：德国法官是发达国家法官里最为懒惰的。直到2014年，德国法官的人均办案量也只是218件，与1979年的206件相比没有太大差别。

其实，社会对于司法系统拖延症的抱怨并非新鲜事。早在1215年，英国著名的《大宪章》（Magna Carta）第40条中就已经规定，国王不得“对任何人拒绝或拖延其应享有之权利或公正审判”（to no one deny or delay right or justice），这明显是为了回应保护权利、加快审判速度的呼吁。而将近400年后，在莎士比亚的经典戏剧里，哈姆雷特还在慨叹“法律的延宕”（the Law's delay）。直到今天，情况似乎也没有太大改善。

但在解决司法拖延的问题之前，我们需要追问：这个问题的本质究竟是什么？

其实，问题绝对没有表面上看起来那么简单。如果一种现象长久存在，那就必然存在更为深层的原因。我们当然不能排除有少数法官的确非常懒惰，但是从司法系统全局的角度来看，拖延症的问题其实非常复杂。

首先，从各国经验来看，拖延症没有特效药；其次，从司法原理来看，拖延是不可避免的；最后，从社会整体来看，拖延甚至颇有必要。

各国经验：解决办法的尝试

首先，针对司法的拖延症，不同国家尝试过各种“处方”加以解决，但却没有取得特别好的效果。

比如，德国议会在 2005 年曾经试图通过一部法律，允许律师针对法官审案拖沓的问题提出“不作为上诉”。简单来说，如果律师觉得法官审案太慢了，可以向法院上诉，要求法官尽快审理。此种举措乍一听非常对症，但在现实中却引起了法官和律师的集体反对。德国法官协会表示：你以为是我们法官想拖，其实是客观情况不允许——案多人少，情况复杂，你让我们快点儿审，我们真的做不到。结果，因为法律界内部种种反对的声音，这部法律不了了之。更有意思的是，2014 年，德国有位法官因为结案率太低，被法院院长催促加快审案。这个法官转头就把院长给告了，说他侵犯了宪法赋予法官的独立审判权。

美国有一些州也出台了相关法律，规定律师可以申诉懒政法官。例如，《印第安纳州民事程序法》规定，如果法官听审或者律师提出动议 30 天之后，法官仍然未能作出裁决，当事人及其律师可以向法院申请更换法官，俗称“懒法官规则”[5]。然而在实践当中，这个条款执行起来却非常困难。毕竟对于法官来说，一旦被申诉即面临内部处分的危险，因此他们经常会对提出申诉的相应律师“反攻倒算”，比如指责律师不当地批评法官的审判行为，违反律师职业准则，律师们甚至有可能因此被吊销职业资格。所以到头来，律师根本不愿意冒险提出此类申诉，现实中真正申诉“懒法官”的案例也寥寥无几。

相较于州法官，美国联邦法院的法官在审案时根本没有硬性的时间约束。曾为美国联邦第七巡回法院法官的波斯纳就指出：联邦法官“可以懒惰……可以出于各种考虑将一些本来几天或几个星期内就可以作出完美判决的案件拖上几年……还是可以保住自己的职务”[6]。其原因在于，《美国宪法》规定，联邦法官一经任命即为终身任职，除非出现重大问题，法官不可能丢掉饭碗。美国国会自然也不会给联邦法官规定硬性的审案期限，否则即有干涉司法之嫌。

其实，和其他国家相比，我国使用的办法是较有成效的。我国《民事诉讼法》规定：一般民事案件，普通程序一审的审理期限是立案之后的6个月，除非有特殊情况才可延长；二审则更短，只有3个月。最高人民法院还曾经专门出台司法解释，严格限制审理期限的延长。[7]

当然，有一利必生一弊。加快审判速度的努力，同时使司法系统承担了巨大的压力。一线负责审判业务的法官的工作负担变得极为沉重。很多法官一年要办几百个案子，平均一天办两个案子是常有的事。可想而知，法官即使再能干，再想保证质量，时间、精力都不允许。当百姓不再抱怨法官拖延，又会开始抱怨草草结案、司法不公——可谓“一波未平，一波又起”。

司法原理：懒政是因为法官懒吗？

为什么司法的拖延症没有好的解决办法呢？实际上，我们应该先反过来思考一下，懒政现象的成因真的是法官懒惰吗？

并不完全是。我们当然无法排除部分法官的懒惰行为，然而从结构性的角度来看，司法拖延其实是内生于司法系统的“痼疾”，在某种意义上是无法完全避免的，因为法律和司法程序的特征就是“慢”。

整个社会对于司法系统的最大期待是公正审判，而这就要求法官认真对待每一个受理的案件。就这个角度而言，所谓“懒政问题”，其实是委托人和代理人之间的冲突问题，是委托人和代理人目标不一致的问题。

所谓“委托人”指的是每一位公民，是全社会；所谓“代理人”指的是法官和法院系统。委托人希望代理人帮自己解决纠纷，所以愿意交钱纳税支持他们，期望代理人“受人之托，忠人之事”。如果按照花钱雇人的逻辑，委托人是老板，法官就是雇员。老板的诉求是又快又好地解决问题。但是在法律中，委托人和代理人之间并非简单的雇用关系。司法系统并非付费使用的 App，而是维护整个社会规则之治的裁决机构。从本质上看，当事人和法官追求的目标存在偏差。委托人往往追求的是公正、有效率地处理自己的案子，案子一旦拖得久了就无法接受。然而，法官更关注的是程序公正、依法办事，防止司法不公、枉法裁判；有些时候还必须考虑社会后果和长远预期，维护社会规则和社会秩序。

因此，除了极个别法官懒惰的现象，所谓“懒政”更多的是案件当事人和社会公众的内心感受。从法官和法院的角度来说，这涉及一个更根本的问题，那就是处理纠纷的时间成本问题。要公平处理任何一个案件，法官都需要投入时间。法院不是工厂，不可能因为订单多了，就多加几台机器，多招一些人扩大生产，在单位时间内增加产量。

更何况，很多案件非常复杂，不仅事实不清，法律也不明确，法官需要投入更多的时间。有个律师朋友跟我讲过这么一个案子：这个案子涉及个人信息和数据的侵权问题，以及很多新的互联网技术细节，很难一时间搞清楚；而且相关法律极为滞后，没有明确规定。法官需要临时学习大量的专业知识，并对相关法律进行深入的研究，才能得出最终的判断。由此看来，疑难案件对于法官来说极为耗时。

如果我们片面要求法官提高效率，恰恰有可能妨碍法官独立、中立而公正地进行审判，甚至有损于程序正义，造成系统的不可靠，因为判得快未必能判得准确。如果一味地要求法官加快速度，法官就有可能会粗制滥造，草草了事。比如，我们国家某个县法院的法官，在面临压力的情况下直接套用以前的刑事判决书，复制粘贴，草草了结案件，这对当事人来说极不公平。

由此看来，所谓“懒政现象”本质上是为了输出可靠性，牺牲了公众想象中的效率。这是司法系统追求程序正义的一个代价。它当然会容许少数法官懒惰，但为了整体的制度价值，也只能如此。

实际上，从司法质量的角度来说，懒法官未必是坏法官，勤奋的法官也不一定是好法官。从某种意义上讲，法官更像艺术家。一年生产 1000 幅画的画家，大概率不是个好艺术家。而且，与艺术家一样，法官生产的“产品”质量也很难判断。至少我们无法用生产时间和产品数量这样的硬性指标直接作出判断，就像我们无法凭借一个学者每年论文的发表量来判断他的学术水平一样。

更进一步，要保证法官公正地按照法律办事，最好不以“勤奋”为指标来衡量他们的工作。因为无论是通过惩戒措施，还是通过奖金激励来促使法官多多判案、快速判案，都会影响法官依法秉公审案。只有不以勤奋为标准来要求法官，法官才能在判案中考虑法律本身，而不是业绩。

总而言之，司法是个复杂的系统，很多问题看来很简单，却是牵一发而动全身，不能“头痛医头、脚痛医脚”。司法系统无法让人完全满意的核心原因，就在于它要同时实现的目标太多（秩序、正义、公正、效率、终局性和社会效果等），因此没有完美的终极解决方案。

如果你是当事人，特别急切地想得到一个确定的结果，自然是希望法官判得越快越好。但如果你是制度的设计者，你就会知道，问题远远没有那么简单。我们不能排除有个别法官消极懒惰的情况，但是为了解决这个问题，就一股脑儿地让所有法官加快速度，有可能造成更大的问题。判得快和判得准确是一对根本矛盾，要兼顾两者近乎无解。提高效率，就可能损害质量。在真实世界中，黄金分割点难以寻找。

社会整体：抛弃司法万能主义

换个角度来看，法律的拖延是法律慢性子的体现，而法律的慢性子同时还有积极作用。

要知道，人类社会之所以出现法律，就是要用第三方裁判者按照既定规则处理纠纷的办法，替代以复仇为手段的私力救济机制。在复仇机制中，复仇者必然时刻准备着报仇雪恨；即便是“君子报仇，十年不晚”，十年间也都是在磨刀霍霍，绝不松懈。

法律和司法体系的出现，很大程度上就是要消磨人们血性复仇的急切情绪。**法律试图培养公众的“慢速”心态，抑制报仇雪恨的“快感”。这有利于人们遵守规则，变得更加理性和具有耐心。**

19 世纪，美国著名的航运、铁路、金融巨头康内留斯·范德比尔特（Cornelius Vanderbilt，被誉为“美国史上第二大富豪”）就在有人伤害了他的时候，说过这样一句话：“你竟然骗我。我不会起诉你，因为法律花的时间太长了，我会直接把你毁掉。”[8]

相信很多读者听到这段话会觉得特别解气。然而，转念一想，如果像范德比尔特这样的大富豪不走正规的司法程序，不给对方平等对话和申辩的机会，轻易就把对方毁掉了，谁能保证他的报复就是公正的？

从法律的角度来看，快意恩仇并非解决社会问题的良方，法律恰恰需要限制快意恩仇。**在这个意义上，法律不是整个社会的方向盘，而是刹车片。它的终极目标不是指挥方向，而是维护秩序，避免事故。**如何避免事故？答案就是开慢点。既然程序如此复杂，如此耗费时间，那就尽量放慢速度，在行事之前小心谨慎，注意合法合规，尽量减少矛盾和纠纷。

有人会问，如果已经产生了纠纷怎么办？法律的慢性子告诉人们，法律是耗时较高的解决途径，司法并不是万能的。无论法律体系多么发达，都不可能快速解决所有纠纷，草草结案很难做到案结事了。一旦认识到司法系统的这种局限，人们完全可以采取其他变通措施，比如通过和解、调解和仲裁等替代性途径解决纠纷。**司法不是寻求正义唯一的大门，而只是正义的最后一道防线。**我们国家现在就在鼓励分流，鼓励人们多用法庭之外的方式来解决纠纷，而不是一有问题就去法院。

总而言之，所谓法官懒政问题，即司法拖延问题，其实并不是一个真问题。各国法律都没有特效药，因为司法体系解决纠纷面临着巨大的时间成本的约束。提高效率就可能影响质量。司法拖延其实也是要培养社会慢速的心态，而这恰恰是法律取代复仇的一个重大特征。

资源成本：诉讼费是不是越低越好？

法律是一项现实主义的社会事业，必然涉及很多现实层面的约束。除了前文提及的时间约束，还有一个重要的约束——钱。众所周知，打官司要花钱：不但请律师要花钱、司法鉴定要花钱，就连去立案，法院也会对当事人收取案件受理费。

于是问题就来了：为什么社会成员有了困难，找警察不用付钱，但是去法院立个案还得交钱呢？

其实道理很简单。作为纳税人，我们都缴了钱给国家，可以享受国家提供的公共服务。但是，特定的公共服务到底是由税还是费来支持，和公共机构的性质有关。比如，百姓遇到事故报警，警察出警既是帮百姓解决问题，也是在维护社会秩序，因此这项服务的费用应该由全体社会成员来负担。再比如刑事诉讼，检察机关在法院对犯罪嫌疑人提起公诉，不仅是为案件中的受害人伸张正义，也是为整个社会打击犯罪、维护秩序，所以法院也不会收取案件受理费。但是，在大量日常的民事诉讼中，案件的受益人主要是当事人自己，而非整个社会。当事人为了实现自己的利益，交点诉讼费也未可厚非。所以有学者说，打官司交诉讼费，相当于开车交燃油税。

由此看来，诉讼收费背后是整个司法系统的运行成本问题，是司法成本在社会和个人之间如何合理分配的问题。既然如此，很多人就会提出一个问题：诉讼收费是不是越低越好？

从当事人的角度来讲，当然是越低越好，如此才能司法便民，让更多的人愿意维护权利、伸张正义。然而，我们需要追问的是，对于司法系统和整个社会来说，诉讼收费低，诉讼成本小，是否真是好事？答案是未必。

降低诉讼收费，表面上看有利于促进“司法便民”，但到头来很可能事与愿违，甚至有些时候造成“司法不便民”。如果我们把法院比作一家公司，它的产品价格低了，需求量就大了；需求量大了，供应量就得增加；要增加供应量，就得加大生产成本的投入。

但是，法院毕竟是国家机构的组成部分，与公司不一样，要让法院加大生产成本的投入，无论是人力、物力、财力和精力，都很困难。于是，案多人少，容易导致拖延问题；而加快速度，则会导致判案质量不高，甚至出现冤假错案。无论如何，最终受损的还是当事人和社会公众。正如本书一直强调的，**法律永远是人类社会解决问题的次优选择，而非最优方案。**这就决定了诉讼收费问题本身的诸种复杂面向，这个问题不像表面看上去那样简单。

诉讼收费是调节案件量的杠杆

首先，就整个司法系统而言，诉讼收费制度其实是调节案件量的一个杠杆。从经济学的视角出发，法院提供的司法服务就像商品一样，价格低了，就会刺激消费，在实践中就会造成案多人少、法院难以应对的局面，社会也将因此受困。

最近十几年，我国的法院一直有案多人少的困难。背后的原因自然很多：我们正处于社会转型期，面临诸多利益格局的重新分配，各种人际矛盾越来越多，而且传统的纠纷解决机制日益捉襟见肘；随着法治逐步推进，公民的法律观念和权利意识越来越高，越来越多的人想用法律来解决自己遇到的问题，秋菊那句“讨个说法”成为很多人的口头禅；很多新出台的法律也鼓励人们依靠司法系统来维护自身权益，例如 2008 年施行的《劳动合同法》即激发了很多雇员去打劳动官司的念头，使得海量劳动争端涌入法院。

除了以上种种宏观因素之外，还有一个极为重要的微观原因不容忽视：国家调低诉讼收费标准，客观上刺激了社会的司法需求。2006 年，为促进司法便民原则的实现，国务院颁布了新的《诉讼费用交纳办法》，并于次年开始实施。相比 1989 年的老规定（《人民法院诉讼收费办法》），新办法大幅降低了诉讼收费。

那么，降幅有多大呢？

举例而言，如果是财产类纠纷，起诉金额为 11 000 元，按照

1989 年的老规定，当事人需要支付案件受理费 450 元。但是按照 2007 年实施的新规，当事人只需交纳 75 元，降幅达到 83%。如果是劳动争议案件，诉讼费更加便宜，均价为 10 元。

诉讼收费制度的改革效果立竿见影。据统计，新的收费办法付诸实施的第二年，也即 2008 年，全国法院受理的案件量就增加了 11%，局部地区甚至增加了 30%。而在新规实施之前，法院的案件量一直颇为稳定，甚至从 2004 年开始还曾有下降的趋势。

那么，案件量增多了，又造成了哪些后果呢?

首先，法院面临的压力陡增。案多人少，法官疲于应付，甚至应付不过来。据统计，东莞一个法官 2009 年办了 1658 件案子，算上节假日，平均每天办案 4.5 件。

其次，法院处理案件的社会成本也相应增加。一旦制度减少了当事人的诉讼成本，就会加大司法的社会成本，让整个社会为此买单。比如，2007 年降低诉讼收费之后，法院从案件受理费中所获收入相应减少，立即面临财政压力。为此，中央财政当年就拿出 30 亿元补贴法院系统，随后每年都追加投入，到 2010 年增至 85.8 亿元。

要知道，增加的财政投入最终要靠纳税人的付出。换言之，是整个社会在补贴打官司的人。而这些增加的民事案件，多数是欠债还钱、索要赔偿之类的事情，案件处理的主要受益者是当事人自己，而非整个社会。社会原本可以将这些财政经费用作扶贫或者环保等公益事业。

没有一个社会是靠多打官司而变富变强的。法院即使处理纠纷再公正，从社会整体角度来看，总体效果也只是“左兜装右兜”——只是在既有的社会产值中进行分配和再分配，而没有增加总体产值，甚至为此还要把纳税人的收入拿出来填补司法程序的耗费，这甚至会成为一种内耗。

增加社会成本也解决不了问题

既然现在案多人少，消费需求大，那么通过切实可行的措施，提高法院的结案数量不就好了吗？

问题没有这么简单，原因有二。

第一，从法院的角度来说，法官的工作量已经非常饱和，法院的预算也不可能年年增高。毕竟法官也是人，即便再能干，也有天花板。实践当中，很多法官迫于压力，直接“下海”做律师去了。甚至是越优秀的法官，“下海”的概率越大，这恰恰容易降低司法审判的质量。

那为什么不能增加法官的数量呢？

从实际的角度来看，增加法官并非易事。任何公权力部门增加人员编制都必须非常谨慎。因为增加公务岗位，便意味着增加财政各项开支，增加纳税人负担；或者需要在总量不变的情况下，对其他公权力部门进行缩编。如果法官数量增加了，法院内部的管理成本也要增加，这就又会增加财政开支。

更现实的问题是，法律职业群体中愿意选择成为法官的人也没有外行想象的那么多。由于案多人少，法官压力较大，社会责任更重，工资待遇也不甚理想，国内名牌法学院的毕业生选择法官职业的比例明显偏少，更多的毕业生都去做了律师，特别是商业律师。我们国家从 2016 年开始允许从律师中选拔法官，但却很少有律师愿意辞职去做法官。

第二，法官越多，并不意味着越能解决实际问题，反倒会进一步导致案多人少。

美国法官波斯纳曾经根据美国经验作过经济分析："法官数量的增加会诱使那些原先已经因为法院延迟而不再诉讼的人依靠法院解决问题……"[9]换言之，社会公众一旦看到法官数量增多，自然会觉得法院审理案件的能力提高，本来不想把事情诉诸法院的人，也会想去试一试。

打个比方来说，这特别像治理堵车问题，经常是修的新路越多，道路反倒越拥堵。比如，德国的斯图加特政府就曾经想通过多修路解决堵车问题，但令人意想不到的是，修路后反倒更堵了；而韩国首尔的一条交通大动脉被拆掉后，交通反倒不拥堵了，因为这一举措改变了人们的出行习惯，使人们在可以开车也可以不开车的情况下，更多地选择公共交通出行。

因此，我们仍然得从源头想办法，尽量减少案件量。北京大学法学院苏力教授就曾经提议，应该根据实际情况，甚至包括通货膨胀的情况，适度提高诉讼收费，用价格杠杆控制案件量的增长。这不失为一个可以试验的方案。

司法解决社会问题的成本边界

或许有人会问：控制案件量的增长，难道不是在抑制人们维权吗？司法难道不该追求实现每个人的公平正义吗？

实际上，出于诉讼成本的考量，我们必须清楚司法处理社会问题的边界。换言之，要想实现良好运行，司法就不应该大包大揽，什么事情都管。

早在古罗马，就有一句法律格言："法律不管琐碎之事。"我们现代社会中的法律也是如此。只有让法院集中处理相对重要的纠纷，才能更有司法效率，也才能提升社会效率。

比如，我国《刑法》第 264 条规定，在普通盗窃（即不是多次盗窃、入室盗窃等）中，只有窃取公私财物"数额较大的"，才有可能构成犯罪。换言之，数额较小的，一般不构成犯罪。那么，究竟什么才是"数额较大的"？根据最高人民法院和最高人民检察院出台的盗窃案件解释[10]，标准是 1000 元至 3000 元以上。换言之，被盗的财物价值低于 1000 元，一般不会立案。当然，由于各地情况不同，该解释还允许各地根据经济发展状况和社会治安状况，确定具体数额标准。如在北京，只有数额超过 2000 元才会立案。此种制度的设计理念，就是让人们不要为了一些较小价值的财物，浪费极为稀缺的司法资源。

再比如，美国法律规定，联邦法院处理两州公民之间的民事案件，只有当事人主张的损害赔偿额度超过 75 000 美元时，法院才会受理。否则，哪怕冤屈再大，法院也概不受理。

美国一年会发生几百万个案子，而最终能够成功上诉至美国最高法院的仅为 80 个左右。那些能够被美国最高法院受理的案件，几乎都是关涉到国计民生和重要法律问题的大案。

以上种种措施，实质上就是一步步分流，把相对不那么重要的案件逐步筛除。只有通过层层筛选，有限的法官才能在有限的时间和有限的成本内，动用自己的法律智慧，好好处理每一个案子。

法官能够好好处理的每一个案子，其处理的结果也是在为社会提供路标，为人们确立和宣示规则。如此一来，审了一个案子，就能够消解很多类似纠纷，整个社会就能举一反三，形成预期，类似的案子也就不会再打到法院。例如，我们经常会在网上看到有人使用影视剧截图撰写帖子或者制作短视频，对影视剧进行解说，甚至还有专门的软件能做这件事。这种行为究竟是构成侵犯著作权，从而应该禁止，还是构成对于著作权的合理使用，而应该被允许，一直存在争议。2019 年，北京互联网法院在“图解电影”著作权案[11]的一审中判定，“图解电影”软件将《三生三世十里桃花》进行截图，制作成连续图集发布到互联网上，构成对版权方优酷的侵权行为。这个判决结果，实际上就给全社会确立了一个规则。正如北京互联网法院的颜君法官接受采访时所说：“创作者使用他人作品制作短视频时，应在取得权利人授权的基础上进行再创作，不应侵犯他人的合法权益。”实际上，通过一个案件的妥善处理，司法机关可以为社会塑造预期，达到案件分流的效果，减轻司法压力，节省司法成本，提高司法质量。

如果人们都能认识到司法的边界，其公民素质和法治意识就有可能提高。这里需要注意的是，法治意识的提高不是说多打官司，而是能够从法律角度思考一个纠纷最好的解决途径是什么。只有这样，才能使每个人都对自己的事情负责，而不是把所有事情都甩给法院。

需要强调的是，我们正在经历一个诉讼爆炸的时代。每个人在对待纠纷的时候，一方面要善用法律武器，另一方面要慎用法律武器。甚至可以说，有时候慎用就是善用。其原因有二：一方面，动用司法系统的代价太大。本节中，我们只谈及了诉讼收费，还没有涉及律师费等更为高昂的费用，以及当事人为打赢官司而付出的时间、精力等机会成本，以及痛苦煎熬的心理成本。另一方面，司法具有自身的边界。司法绝不是维护正义的第一道防线，也不是维护正义最好的防线，而只是维护正义的最后一道防线。

一句话，不轻易动用法律，也是一种法律思维。

开放的保守性：为什么会出现互联网法院？

受互联网影响，法律领域近年来出现了一些新气象。2017 年，我国首个互联网法院在杭州正式挂牌成立。2018 年，北京和广州也成立了互联网法院。

你可能会问，互联网法院是做什么的？简单来说就是“网上纠纷网上审”。它不但专门审理互联网上产生的纠纷（比如网购、网贷纠纷等），还省去了传统开庭的程序。“24 小时不打烊”“5 分钟提交诉状”“全程网上操作”，互联网法院通过电子立案、在线审判、电子文书传递等办法提高司法效率。这是中国司法体制的创举，在世界范围内也是新生事物，因此引起了国际法律界的高度关注。

为什么要设立互联网法院？你可能会说，这是因为社会分工的进一步演化。毕竟与互联网相关的案件会牵涉一系列专业的技术问题，案件本身也会呈现出与传统案件不同的特征。这当然没错，但从更深层的视角来看，这个变化体现了法律与社会变迁之间的关系，代表了法律体系愿意主动迎接变化，体现了自我调整的态度和努力。而这一点，非常重要。

本书之前的内容曾经提及，相较于社会的发展变化，法律永远呈现出滞后的特征；为了维护社会稳定和社会预期，法律本身甚至应该带有一定的保守性。用马克思的话来说，法律倾向于把现状神圣化[12]。换言之，法律天然地保护“既得利益”（注意，此处是中性名词），把传统模式奉若神明，不愿接纳新生事物。

但是，社会总在变化，很多时候变化还非常迅速。这样一来，法律的稳定性就很容易变成僵化性，阻碍社会发展。在飞速发展和极速创新的互联网时代，法律的僵化性就更加突出。比如Q币、网络游戏装备，甚至社交平台的账号以及附属的各种利益，都是网络上虚拟的东西，很难用传统的法律概念定义清楚。它们到底是财产，还是债权？能不能继承？司法机关对此也很困惑。

其实，早在20世纪90年代，就有互联网圈内人士表示：在信息时代，问题不是哪一部法律已经过时，而是整个法律体系都应被全盘抛弃。比如，在1996年的世界经济论坛（World Economic Forum, WEF）上，美国网络先锋人士约翰·巴洛（John Barlow）发表了一个颇为轰动的演讲，题目是《网络空间独立宣言》（A Declaration of Independence of Cyberspace）。巴洛在演讲中慷慨激昂地对传统民族国家的法律体系开炮：“你们关于财产、表达、身份、迁徙的法律概念及其情境对我们均不适用。所有的这些概念都基于物质实体，而我们这里并不存在物质实体！”[13]巴洛的意思非常清楚：互联网是个完全的新大陆，工业社会的法律在新大陆完全失效。

问题在于，法律体系真的不能适应互联网时代了吗？

答案是否定的。随着网络空间与人们生活空间的日益融合，网络本身已不再是法外之地。大部分国家都已开始针对互联网制定各种各样的法律法规。

然而必须强调的是，互联网本身的开放特性的确为法律法规的制定和执行带来了新的挑战。应对此种挑战，就需要法律保持一种“开放的保守性”：一方面，法律要“坚持”自己的保守性；另一方面，法律也要主动去顺应变化。法律必须顺应新技术有所调整，调整的幅度又不宜过大。在互联网时代，法律就是要时时刻刻寻找创新与守成之间的平衡点。

严格遵循传统

我们首先来看，如果法律完全坚守传统、故步自封，会出现什么样的状况。

实际上，创新与守成之间的矛盾，在前互联网时代的法律中业已存在。我们先从一个前互联网时代的故事讲起。1929 年至 1933 年，美国爆发了经济危机。为了挽救国家经济，时任美国总统罗斯福推行了一系列新政，对经济采取大规模的管制。然而罗斯福新政的一系列立法，却都被当时相对保守的美国最高法院大法官们宣布因违反宪法而无效。大法官们坚守的价值是美国之前一贯奉行的契约自由原则以及自由放任的市场经济理念。为此，大法官们甚至在一天之内否决过三部新政立法。在新政面前，大法官们坚守传统法律理念，给改革按下了暂停键。

罗斯福自然不愿意坐以待毙。作为美国历史上最有政治能量的总统之一，罗斯福公开批评司法体系的僵化，说要将国家从“司法的动脉硬化”中拯救出来。他促使国会通过一项法案，调整美国最高法院的人事结构，对其进行重组，迫使大法官们一夜之间转而支持新政立法。美国这才告别了传统的自由放任市场经济，进入福利国家和规制时代。

实际上，“动脉硬化”这个短语生动地体现了法律传统可能对制度创新造成的遏制效应。

在这一点上，当代欧洲有关互联网的法律也值得一提。我们都知道，在新一代互联网产业格局中，美国和中国占据了主导地位，而欧洲的互联网巨头甚少。实际上，欧洲的法律遵循传统，是其中一个重要的原因。正是因其坚守传统法律中的基本规则，客观上抑制了互联网产业的快速发展。

例如，我们都知道，互联网产业的发展，离不开收集大量的用户数据。而在欧洲的法律传统中，保护个人人格权和隐私权居于极为核心的地位，形成了极为坚固的规则模式。互联网公司要想在欧洲收集和使用用户数据，比在世界上任何其他地方都更难。对于关心用户隐私的人来说，欧洲当然是法律方面的典范。但同样是“有一利必生一弊”，这种规则模式也不利于产业发展。

比如，《德国基本法》（1949 年）把人格尊严写在第一条，而且规定这一条不可修改，极为严格。之所以如此严格，是因为纳粹德国曾经大量收集国民（尤其是犹太人）的信息，并且进行编号。第二次世界大战结束之后，德国乃至整个欧洲对个人信息和数据的保护问题都极为敏感，生怕历史重演。

1977 年，德国出台了世界上第一部个人资料保护法——《联邦数据保护法》。这部法律虽然在 1990 年、1994 年、1997 年经历了三次修订，但每次修订都是在加强对个人信息的法律保护。

德国对于个人信息的保护之严，可以从一个事件中得以彰显。1982 年，德国联邦政府颁布《人口普查法》，计划在全国范围内对公民进行全面的资料收集，包括人口、职业、住址等个人信息，结果该法被德国联邦宪法法院宣布为违宪。政府做人口普查都不行，更别提商业公司收集个人数据了。

其实，人格尊严和隐私权原本是欧洲王室和贵族的特权，在第二次世界大战之后才普及到个人。这本来是个进步，但是到了互联网时代，又显得非常僵化。

那么，有读者肯定会追问，难道欧洲就没有针对互联网产业出台新的法律吗？当然有。2018 年欧盟出台的《通用数据保护条例》（General Data Protection Regulation，GDPR）即是典型代表。但有意思的是，欧洲所出台的新的法律，很多时候仍然坚持了旧的原则，甚至比之前的法律更加严格。

例如，2019 年 5 月，欧盟修改《版权法》，结果推出了“史上最严”的版权保护规则。简单来说，按照这部法律的规定，用户如果用下载的图片做表情包，即属于侵权行为，用户不得对这些图片加以传播。这部法律因此也被戏称为“表情包大屠杀法案”。

由此我们就可以理解，为什么欧洲的互联网产业没有出现全球级别的大公司。要知道，在互联网发展的早期，欧洲也是新技术创新的重要发源地。例如，人们如今每天都在使用的网页浏览器，就是英国科学家 1989 年在欧洲粒子物理研究所里提出构想的。然而到了 2018 年，有“互联网女皇”之称的华尔街证券分析师玛丽·米克尔（Mary Meeker）发布的《2018 年互联网趋势报告》按照市值对全球二十大互联网公司进行了排名。结果发现，20 个巨头全部来自美国和中国，比如我们熟悉的亚马逊、脸书、微软，以及阿里巴巴、腾讯、百度、京东、美团等。

为什么欧洲起了个大早，却赶了个晚集呢？个中原因颇多，主要包括：欧洲各国语言不统一，每个国家人口基数太少，美国的互联网产业太强、挤占市场等。但必须强调的是，欧洲法律的僵化性也是一个重要原因。

冲破旧制，直接创新

既然法律跟不上变化，又不能故步自封，那能不能冲破旧制，直接搞创新呢？

从某种程度上来说，我国的互联网产业就走了这么一条发展道路。上海财经大学法学院的胡凌教授提出了一个概念，叫中国互联网的“非法兴起”[14]。也就是说，中国互联网产业在发展过程中，经常通过违反传统法律的规定，把商业模式做大做强。

以 2014 年“今日头条”App（下称今日头条）的侵权事件为例。

今日头条创建于 2012 年，2014 年算是刚刚起步，如今已经在国内颇具影响力。它是如何逐步成长起来的呢？很多新闻报道和研究显示，今日头条通过算法抓取其他网站的新闻内容，经过转码之后推送给用户，虽然注明了文章的来源和链接，但是用户看到的却是今日头条的页面。2014 年，很多传统媒体和门户网站即向国家版权局投诉，认为今日头条未经许可转载其作品，构成侵权。最终，今日头条受到了国家版权局的处罚，并进行了整改。

然而，对于互联网企业来说，被罚未必就是坏事。在现实中，今日头条的侵权纠纷反倒成了个大广告，因为这个热点事件让网民认识到可以在今日头条一个 App 上集中阅读新闻，省时省力，不必逐个网站去看。今日头条由此迅速收获了海量用户，还吸引了更多的投资。胡凌教授戏称，这特别像冯小刚导演拍摄的著名电影《甲方乙方》里的一句台词，“求你了，告我们吧，打官司的费用我们出！”[15]

这就是互联网的“非法兴起”。

今日头条并不是特例。进入 21 世纪以来，互联网产业基本上都是依靠类似方式起家的：它们通过涉嫌侵权的方式获取大量内容，带动流量，再以海量用户和流量为依托寻找投资。像文档共享平台、视频网站等，都是如此兴起的。

比如，2009年推出的“百度文库”平台，就是通过免费让用户下载电子书等文件资料来积累用户，用户也会把很多涉嫌侵权的材料上传。众人拾柴火焰高，百度文库一下子变成了一个大平台。当然，很多作家发现自己的作品未经许可上传后，发起了声讨运动，要求百度赔礼道歉，赔偿损失。

结果双方谈判破裂，北京市版权局也表示不支持百度，于是百度只好向作家们道歉，并且删除了几百万份作品。然而在这个过程中，百度文库的商业模式却壮大起来，直到现在该平台也没有被关掉。更重要的是，它因此积累了大量的用户，为其他商业模式积累了资源。

必须说明的是，互联网产业“非法兴起”的真正意义，并非互联网企业藐视法律，而是因为新技术和新商业模式触及了传统法律的经济基础，从而使得建立在工业经济基础上的旧有法律体系面对新产业时显得捉襟见肘。传统经济模式是以实体物质为生产资料（例如土地和矿产），但互联网产业则以数据和信息等虚拟物质为原材料。互联网产业冲击的是整个工业社会的法律体系。如果要严格遵守工业化时代形成的法律，新的产业就没有发展的空间。

例如，现代版权法的起源——英国1709年的《安娜法令》，就是建立在印刷业的基础上，确立作者对印刷作品的产权，并通过各种法律措施打击盗版。然而随着互联网的兴起，作品的复制基本是零成本，这就在根本上冲击了版权体制。如果仍然坚守传统的版权法律体系，便无法想象互联网内容产业的发展。

但也必须强调，“有一利必生一弊”，互联网“非法兴起”也存在较大的代价，最直接的就是法律的权威容易受到破坏，整个社会讲规则的氛围会受到影响。因此，我们也必须全面地看待互联网“非法兴起”的现象。

由此看来，法律的僵化性问题真是个难以解决的矛盾，总是按下葫芦起了瓢。互联网的“非法兴起”，不只是说互联网企业不守法，更是因为新的商业模式和技术变革本身就是突破既有法律的。如果要恪守既有法律，创新可能就无法发生。

社会的创新和法律的保守，是一对永恒的矛盾，人们只能与之共存，而不可能彻底解决它。那么，如果我们既不能太保守，又不能一味求突破，到底该怎么寻求平衡？

开放的保守性

“开放的保守性”就是一种较为实用的态度。我们正在经历一个从工业社会的法律体系转向数据社会的法律体系的时期。面对互联网时代，法律要采取一种实验主义的策略，当然要顺应变化，但顺应也不是紧跟，而是注意观察，停一停，看一看，逐渐总结新规律。

法律的保守性在这里就体现出来了。法律就像是社会管理体系的承重墙，不能擅动，要多用隔断来解决问题。换言之，针对新的现象和问题，立法者不应着急制定法律，而是要让具体负责监督管理的部门，通过更低层次的法规或规章，甚至靠司法机关的解释来慢慢积累经验，成熟之后再立法。

以我们国家为例，2018 年通过的《中华人民共和国电子商务法》（简称《电子商务法》），其实在 2013 年就被提出来了，历经全国人大常委会三次公开征求意见和四次审议，历时五年才最终出台。就内容而言，《电子商务法》是在总结了十几年来电商领域的各种法规、司法案例甚至商业习惯的基础上才最终成形的，并非立法者一拍脑门设计出来的。

实际上，制定和修改法律都是成本高、速度慢的事情。这一点在高速发展的互联网时代尤其需要谨慎对待，否则就会出现好不容易制定一部法律，出台之后却立即过时的情况。正因为如此，我们国家的监管机构针对互联网产业采取了较为实验主义的态度，让子弹先飞一会儿，到出现问题、非解决不可的时候，再出台政策或者法律法规进行监管。

互联网法院的建立，其实也是实验主义策略的最新体现。针对层出不穷、新颖独特的互联网纠纷，国家授权较为专业的法院，结合新兴技术手段逐一解决，通过这种方式逐渐摸索新业态下的法律规则的形成机制。如此一来就能使法律在坚持自身保守性的同时，也展现适度的开放性。

法律既不能故步自封、扼杀创新，也不能鼓励人们破坏法律，而是要采取更为实验主义的策略，实时跟进、总结规律，等到时机成熟了再立法。

高贵的消极性：为什么律所很少做广告?

我们生活在一个“酒香也怕巷子深”的商业社会，几乎各行各业都特别注重营销。然而在广告满天飞的大街和网络上，我们似乎很少见到律所做广告。而且，好的律所（比如前文提过的“红圈所”）是基本上不做广告的，以至社会大众普遍不清楚国内有哪些名牌律所。

更有意思的是，律师行业自身似乎也在营销方面极为谨慎，甚至需要遵守一些清规戒律。例如，大所云集的北京就有硬性规定（《北京市律师事务所执业广告管理办法》），禁止律师个人做广告，律所虽然可以做广告，但不能像商业广告那样过于夸张。在业内，如果个别律所做了较为夸张的广告，也会引起不好的看法。

美国也是如此。在历史上，美国各州律师协会都禁止本行业做广告。即便此类硬性规定在 1977 年被美国最高法院明确废除

（*Bates v. State Bar of Arizona*）[16]，但律师圈里还是有“高端律所不打广告”的惯例，只有那些做移民业务之类的小所才会打广告。

这就未免让人感到奇怪：为什么律师行业要如此限制做广告呢？

答案是，律师行业需要刻意与社会保持距离，也即“高贵的消极性”。律师一方面要坚持“高贵”，建立高深的行业壁垒，只接纳少数精英进入；另一方面要坚持“消极性”，保持绅士品格，恪守职业伦理，减少营利冲动和市场思维。因此，律师行业是现代社会中少有的像欧洲中世纪行会的组织：对外垄断，相对封闭；对内等级森严，有着清规戒律。

那么，问题随即就出现了：在我们生活的时代，信息在流动、知识在流动、圈层在流动，律师行业为什么还要维护“高贵的消极性”这种源自中世纪的价值？为什么不能完全顺应趋势，大力推行市场化运作呢？

对此，我总结了三点原因。

第一，维护律师行业公共形象的下限，才能保证整个行业的存续。

律师行业必须有操守，否则就有可能被社会抛弃。原因在于法律太专业、太复杂，法律人和普通人之间存在极高的信息不对称，普通人很难判断律师服务的质量，只能通过对他们人品好坏的判断来进行选择，因而法律服务经常被称为一种“信任产品”。正因为如此，律师的公共形象就变得特别重要。

更何况，律师的形象在公众眼中历来都非常负面。姑且不说网上大量投诉律师，甚至咒骂律师的帖子，中国古代社会早已称呼这个行当的从业者为“讼棍”。西方经典文学作品中对于律师的描写也少有正面形象。狄更斯的名著《荒凉山庄》（*Bleak House*）中描写19世纪英国的一桩遗产案令人唏嘘不已：律师利用法庭的复杂程序，钻营谋利，让当事人倾家荡产，一份遗产最后只够付诉讼费和律师费[17]。莎士比亚的历史剧《亨利六世》里的一句话更狠：“我们要做的第一件事，让我们去杀死所有的律师。”[18]这也应了哈佛大学法学院教授、辛普森案的辩护律师艾伦·德肖维茨（Alan Dershowitz）的一句话：“任何行业遭受如此恶名，必定是得罪了人。”[19]

在美国，律师的形象相对来说算是比较好的，毕竟很多著名政治家和社会管理人才都是法律行业出身。然而在20世纪，美国法律行业也经历了一次巨大的公共信任危机。

这场危机的起因是1972年的“水门事件”。众所周知，时任美国总统、共和党人尼克松为了赢得竞选、实现连任，派人潜入水门大厦的民主党总部安装窃听器。东窗事发之后，引起轩然大波，造成了美国历史上最大的政治丑闻之一，尼克松也因此被迫辞职。重要的是，事发之后，公众发现尼克松的竞选班子里几乎都是律师或者法学院毕业生。于是，人们就把愤怒发泄到了法学院和律师界，导致了全美社会对法律人的深度仇恨。后来，美国甚至出现了一类格言、段子和寓言，专门用来抨击、嘲笑和挖苦律师。

于是，为了挽回行业形象，让律师们还能有饭吃，美国律师协会开始通过各种举措加强律师职业伦理建设，塑造良好的行业形象。水门事件后，美国律师协会立即要求所有接受协会认证的法学院开设职业伦理的必修课程，而且要求全美统一考试。要知道，美国律考都是各州分别组织的，唯有职业伦理这一项是全国统考。圈内人都说法学院里的其他课程是为客户学的，唯有职业伦理是为自己学的。

限制做广告就是职业伦理的一种，其目的就是维护律师的形象。2018 年，我国的全国律师协会发布新规《中华全国律师协会律师业务推广行为规则（试行）》，叫停“胜诉率名列前茅”“跟某机关有特殊关系”“不胜诉就退款”等具有虚假性、误导性和夸大性的业务推广方式。

禁止律师乘人之危拉生意也是职业伦理的一种。行话将此种乘人之危的行为形象地称为“追逐救护车”（ambulance chasing）：律师一看到救护车在街上跑，就追着救护车直至医院，因为救护车里有受伤的人，大概率会涉及人身损害赔偿问题，自己就可以拉到生意。美国律师协会明文禁止这类行为。[20] 英国也有类似规定，禁止律师在大街、港口、医院或者事故发生场所拉生意。[21] 在我国，全国律师协会 2018 年发布的新规也规定，律师不得在法院、检察院、看守所、公安机关、监狱、仲裁委员会等场所附近张贴各种广告。

此外，律师还有从事公益的义务。好的律所每年都会免费提供一些公益法律服务。在我国，一些律师会在“3·15”国际消费者权益日和“12·4”全国法制宣传日期间提供免费的法律咨询。美国律师协会的伦理规则建议律师每年从事至少50小时的公益服务。此外，律所出资在大学设立奖学金，律师在法学院授课，出版专著、发表论文，都是对外塑造品牌形象的方式。当然，我们可以说，这也是一种高雅的广告。

第二，设置适度垄断、限制自由竞争，更有利于行业的长远发展。

在市场化时代，一听到垄断，人们通常会联想到这是一种人为设定特权的行为。然而法律行业仍然特别坚持垄断，它不仅垄断了从业资格，还有各种清规戒律。很多时候，律所甚至还会像中世纪的行会那样，采用学徒制——新律师要跟着老律师学习才行。

为什么？因为在一定时期内，法律业务的总量有限。如果从业者过多过杂，就容易形成恶性竞争。如果再没有惩戒机制，就会有人为了生存铤而走险，甚至赤裸裸地违法。长此以往，劣币驱逐良币，整个行业的声誉和机会就会被全部毁掉。

因此，我们就可以理解各国的法律行业为什么要设立很高的准入门槛。在美国，一个人只有在经过美国律师协会认证的法学院接受过法律教育，修满核心课程的学分，才有资格参加律师职业考试，之后才能成为律师。有一些高端律所甚至只从排名前14的法学院的毕业生里招人。

我国最近也在提高法律行业的准入门槛。2018年，司法部推行了新的国家统一法律职业资格考试，代替了之前的司法考试。其中最重要的一个改变，就是严格限制报考者的学历，要求报考者必须至少具有法学学士学位，或者非法学本科学位但有三年以上法律工作经验。在此之前，人们只要有大学学历就能报考，且无专业要求。

以上还只是对准入门槛的限制，律师在进入行业之后，还需要遵守有关内部竞争的清规戒律。例如，各国的法律行业内部规范几乎都规定，律师的收费不能低于行业标准。以我国为例，长期以来，在民事、刑事、行政和国家赔偿等案件中，律师收费标准实行政府指导价。[22]近年来，虽然很多法律业务领域的政府指导价已经放开，但前文提到的2018年全国律协新规，也禁止律师在业务推广和行业竞争中不收费或者降低收费，除非是法律援助案件。

英美法系也是如此。清华大学法学院已故的何美欢老师，拥有香港、纽约等地的律师资格。20世纪90年代，她帮助我们的一些国企在港股上市。出于民族情感，她不想收取太多律师费，但根据行规，她也不能降价。最后，她就干脆不收钱，算是做公益了。律师之所以这样不按市场规律办事，就是为了防止劣币驱逐良币，维护行业的长远发展，毕竟行业自治的前提是自律。

或许有读者会问：上面这些规矩都是为了行业利益，对社会有好处吗？

答案是肯定的。这正是律师行业坚持“高贵的消极性”的第三点原因。

第三，维护行业发展利益，塑造“贵族精神”，才能促进公共利益。

这听起来像是口号，其实一点儿都不虚。2016 年，曾经担任通用电气总法律顾问的本·海涅曼（Ben W. Heineman）出版了名为《内部法律顾问革命》（*The Inside Counsel Revolution: Resolving the Partner-Guardian Tension*）的著作，他从自身多年的法律职业经历出发，大力提倡商业律师的公共精神。

海涅曼本人并非学者，也非公益人士。他是美国律师界的超级巨星，曾经担任过美国最高法院的法官助理，做过公益律师和联邦政府律师。1987 年，他被当时通用电气的 CEO 杰克·韦尔奇（Jack Welch）聘为总法律顾问，一干就是 18 年，为通用电气的腾飞立下了汗马功劳。

他在总结自己的成功经历时指出，真正的好律师，要让企业在高绩效和高诚信之间维持平衡。如果律师为了企业营利不择手段，不顾社会责任，放任企业违法，甚至协助违法，不仅会伤害企业，更会伤害社会。在海涅曼看来，**商业律师承担着复兴律师公共精神的重要角色：律师须站在法律一边，促使公司的商业行为合法合规，尽量遏制公司不正当的营利冲动，负起社会责任。**

商业律师如此，诉讼律师更是如此。自从有律师职业开始，律师的工作就一直都有公共服务的成分。比如在美国，律师在法律中的正式称呼是“庭吏”（Officer of the Court），即“法庭官员”；而且美国律师行业的最高理想仍然是“法律人—政治家”（lawyer-statesman），而非只靠法律赚钱的某种商人。我国改革开放后最早的律师，也拥有国家干部身份；虽然随着市场经济的推进，律师变成了私人主体，但是公共精神依旧存在，律师本身仍须承担公益职能。如果用中国话来说，律师必须具备某种君子之风。律师需要为商业社会输入一点儿贵族理念，限制单纯谋利的冲动，不为挣钱制造更多纠纷，不为挣钱而无底线服务客户，因而搅乱整个社会。毕竟，律师应该做社会的清洁工，而不是垃圾的制造者。只有凡事讲规则，社会秩序才能得以维护。

想点大事

在这一章中，无论是判决书的事实认定问题、法院的拖延症和司法成本问题、法律的僵化性问题，还是律师行业的垄断问题，都贯穿了一条主线：法律体系为什么无法完全按照社会期待进行改变？原因在于，法律受到信息、时间、成本、应变能力和内部管理的极大限制，不可能满足社会的所有需求和最高期待。

我们生活的时代，愈发强调透明、快速、低价、创新和市场化等价值。然而，法律体系却不能太透明、太迅速、太普惠、太灵敏、太商业化。否则对法律人不好，对法律不好，对社会也不好。法律毕竟代表了社会不完美的一面，突出了人性不完善的一面。即使一个案件最终实现正义，也只是弥补了一个悲剧，而不是创造了一个喜剧。一如既往，法律提供的只是次优解决方案。

这就启示我们，在日常生活中，我们不但要学会用法律解决问题，还要学会不用法律解决问题。最高级的法律思维是备而不用。从更大的意义上来说，任何一个行业，都有解决问题的独门秘诀，同时也有行业本身的内在限制。“请神容易送神难”：我们在解决任何问题的时候，都要考虑解决方案本身会带来什么新的问题。

— 注释 —

第一章　基本思维模型

[1]［英］托马斯·霍布斯：《利维坦》，黎思复、黎廷弼译，商务印书馆，1996，第94—95页。

[2] Abraham Maslow, *Motivation and Personality,* 2nd ed., New York: Harper & Row, 1970, p.40.

[3] 41 U. S. (16 Pet.) 539 (1842).

[4]［古希腊］柏拉图：《游叙弗伦、苏格拉底的申辩、克力同》，严群译，商务印书馆，1983，第107—111页。

[5]［德］古塔斯夫·拉德布鲁赫：《法律智慧警句集》，舒国滢译，中国法制出版社，2001，第18页。

[6] 转引自［美］E. 博登海默：《法理学：法律哲学与法律方法》，邓正来译，中国政法大学出版社，2004，第325页。

[7] 410 U. S. 113（1973）.

[8] Bryan A. Garner ed., *Black's Law Dictionary,* 9th ed., Minnesota: West, 2009, p.1436.

[9]《商君书·定分》，载《商君书注译》，高亨注译，中华书局，1974，第541—542页。

[10] Robert Cover et al, *Procedure,* 2nd ed., New York: The Foundation Press, 1988, p.1232.

[11]［法］卢梭：《社会契约论》，何兆武译，商务印书馆，2005，第30页。

[12] *Shaughmessy v. United States ex rel. Mezei,* 345 U.S. 206, 224 (1953) (Jackson, J.,dissenting).

[13]（2001）纳溪民初字第561号。

[14] 何海波：《何以合法？：对"二奶继承案"的追问》，《中外法学》2009年第3期。

[15] *Brown v. Allen*, 344 U.S. 443, 540 (1953).

[16] *Jeter v. Hewitt,* 63 U.S. 22 How. 352 (1859).

[17]［美］理查德·波斯纳:《法律的经济分析》，蒋兆康译，中国大百科全书出版社，1997，第 750—751 页。

[18]［德］古斯塔夫·拉德布鲁赫:《法哲学》，王朴译，法律出版社，2005，第 180 页。

[19]［美］H. W. 埃尔曼:《比较法律文化》，贺卫方、高鸿均译，上海三联书店，1990，第 67 页。

[20] 转引自宋冰:《程序、正义与现代化——外国法学家在华演讲录》，中国政法大学出版社，1998，第 153—154 页。

[21] 3 Cai. R. 175, 1805 N.Y.

[22] 同上。

[23]《商君书·定分》，载《商君书注译》，高亨注译，中华书局，1974，第 541 页。

[24]（2007）鼓民一初字第 212 号。

[25] 471 U. S. 84 (1985).

[26] J. R. Stoner, *Common Law and Liberal Theory: Coke, Hobbes, and the Origins of American Constitutionalism,* Kansas: University Press of Kansas, 1992, p.25.

[27] *Burnet v. Coronado Oil & Gas Co.,* 285 U.S. 393, 406 (1932) (Brandeis, J., dissenting).

[28] 376 U. S. 254（1964）.

[29] Cass Sunstein,The Dark Side of New York Times v. Sullivan, https://www.bloomberg.com/opinion/articles/2014-03-25/the-dark-side-of-new-york-times-v-sullivan.

[30] *Northern Securities Co. v. United States,* 193 U. S. 197, 400 (1904) (Holmes, J., dissenting).

[31]［法］帕斯卡:《思想录》，何兆武译，商务印书馆，1997，第 137 页。

[32] 170 F. Supp. 442（E. D. Ark. 1959）.

[33] *Trump v. Hawaii,* 138 S. Ct. 2392 (2018).

[34] 刘思达:《割据的逻辑：中国法律服务市场的生态分析》，上海三联书店，2011，第 125 页。

[35] Frederick Schauer, *Thinking Like a Lawyer,* Cambridge: Harvard University Press, 2009, p.233.

第二章 事实的发现与描述

[1] [1992] 2 S. C. R. 871.

[2] 14 QBD 273 DC (1884).

[3] 550 U. S. 124（2007）.

[4] Ludwig Wittgenstein, *Tractatus Logico-Philosophicus,* 2nd Edition of New Translation, London：Routledge & Kegan Paul, 1971, p.115.

[5]（2007）穗中法刑二初字第 196 号;（2008）穗中法刑二重字第 2 号。

[6] 343 U. S. 579（1952）.

[7] John Dewey, *The Public and Its Problems,* New York：Henry Holt, 1927, p.3.

[8] 135 S. Ct. 2584（2015）.

第三章 规则的制定与使用

[1] David Mellinkoff, *The Language of the Law,* Boston：Little, Brown & Co., 1963, p.vi.

[2] 149 U. S. 304（1893）.

[3] 转引自陈忠诚选编:《法律英语五十篇》，中国对外翻译出版公司，1987，第 5 页。

[4] Timothy Endicott, *Vagueness in Law,* Oxford：Oxford University Press, 2000, p.1.

[5] 5 F. Supp. 182（S. D. N. Y. 1933）.

[6] James Joyce, *Ulysses,* Modern Library Edition, New York：Random House, 1992, p.xviii.

[7] [1944] 1KB 713.

[8]［美］理查德 · 波斯纳:《法律理论的前沿》，武欣、凌斌译，中国政法大学出版社，2002，第 149 页。

[9] 转引自傅海坤:《〈法国民法典〉改变了什么》,《外国法译评》1996 年第 1 期。

[10] 苏力:《反思法学的特点》,《读书》1998 年第 1 期。

[11] 438 U. S. 265（1978）.

[12] 118 U. S. 394（1886）.

[13] *Citizens United v. Federal Election Commission,* 558 U.S. 310(2010).

[14] *Huawei Technologies USA, Inc. et al v. United States of America, et al,* Case No.：4：2019cv00159, March 6, 2019, US District Court for the Eastern District of Texas.

[15]［法］卢梭：《社会契约论》，何兆武译，商务印书馆，2005，第46—47页。

[16] Michel Foucault, "The Birth of Biopolitics", in Paul Rabinow (ed.), *Ethics：Subjectivity and Truth,* New York：New Press, 1994.

[17] *Lochner v. New York,* 198 U.S. 45, 76 (1905) (Holmes, J., dissenting).

[18] 74 U. S. 482（1868）.

[19] Derrick Bell, *Confronting Authority：Reflections of an Ardent Protester,* Boston：Beacon Press, 1994, p.98.

[20] 323 U. S. 214（1944）.

[21] H. L. A. Hart, "Positivism and the Separation of Law and Morals", *Harvard Law Review,* 71 (1958)：607.

[22] 转引自［德］卡尔·施米特：《政治的神学》，载［德］卡尔·施米特：《政治的概念》，刘宗坤等译，上海人民出版社，2004，第11页。

[23]《最高人民法院关于适用〈中华人民共和国婚姻法〉若干问题的解释（二）》第十条。

[24] Mariano Croce, *The Politics of Juridification,* New York：Routledge, 2018, p.2.

[25]（2009）杭西刑初字第337号。

[26] 张明楷：《危险驾驶的刑事责任》，《吉林大学社会科学学报》2009年第6期。

[27]（2010）蚌刑终字第0097号。

[28] Bruce Ackerman, *Before the Next Attack：Preserving Civil Liberties in an Age of Terrorism,* New Haven：Yale University Press, 2004, p.19.

第四章　法律的推理与判断

[1] Cicero, *De Legibus,* Book III, Part III, Sub. VIII.

[2] 531 U. S. 98（2000）.

[3] Richard A. Posner, *Breaking the Deadlock: The 2000 Election, the Constitution, and the Courts,* New Jersey: Princeton University Press, 2001, pp.137-139.

[4] 520 U. S. 681（1997）.

[5]［美］理查德·A. 波斯纳：《国家事务：对克林顿总统的调查、弹劾与审判》，彭安等译，法律出版社，2001，第 202—215 页。

[6] 赵雨与北京市劳动和社会保障局等工伤认定纠纷再审案，(2009) 高行提字第 1088 号。

[7]《最高人民法院行政审判庭关于职工外出学习休息期间受到他人伤害应否认定为工伤问题的答复》[（2007）行他字第 9 号]。

[8] 388 U. S. 1（1967）.

[9] 刘晗：《合众为一：美国宪法的深层结构》，中国政法大学出版社，2018，第 8 页。

第五章　法律的发生

[1] Oliver Wendell Holmes, Jr., *The Common Law,* Boston: Little, Brown & Co., 1881, pp.2-3.

[2]［日］穗积陈重：《复仇与法律》，曾玉婷、魏磊杰译，中国法制出版社，2013。

[3]［美］理查德·波斯纳：《法律与文学》，李国庆译，中国政法大学出版社，2002，第 74 页。

[4] James Fitzjames Stephen, *A General View of the Criminal Law of England,* Cambridge: Cambridge University Press, 2014, p.99.

[5] Steve Sheppard, *The Selected Writings and Speeches of Sir Edward Coke, Vol.I,* Indiana: Liberty Fund, 2003, p.481.

[6] Paul Brest et al, *Processes of Constitutional Decision-Making: Cases and Materials,* 5th ed., New York: Aspen Publishers, Inc., 2006.

[7] Oliver Wendell Holmes, Jr., *The Common Law,* Boston: Little, Brown & Co., 1881, p.1.

[8] C. Dawson, *Gibbon's Decline and Fall of the Roman Empire, Vol.IV,*

London：J. M. Dent & Sons, 1962, p.444.

[9] 转引自［德］K. 茨威格特、H. 克茨：《比较法总论》，潘汉典等译，贵州人民出版社，1992，第 152 页。

[10] Reinhard Bendix, *Max Weber: An Intellectual Portrait,* New York：Routledge, 1960, p.421.

[11] Philip Schofield, *Bentham: A Guide for the Perplexed,* London：Continuum, 2009, p.139.

[12] P. S. Atiyah, "Form and Substance in Legal Reasoning：the Case of Contract" , in *The Legal Mind: Essays for Tony Honoré*, ed. Neil MacCormick & Peter Birks, Oxford：Oxford University Press, 1986, p.27.

[13] 347 U. S. 483（1954）.

[14] Herbert Wechsler, "Toward Neutral Principles of Constitutional Law", *Harvard Law Review* (1959)：73.

[15] 163 U. S. 537（1896）.

[16] 杨伯峻：《论语 · 子张》，载《论语译注》，中华书局，1982，第 203 页。

[17] 198 U. S. 45（1905）.

[18]（1953）ICJ 3.

[19]（1986）ICJ 14.

[20] China Mieville, *Between Equal Rights,* Chicago：Haymarket Books, 2005, p.298.

[21] John Louth and Merel Alstein, "Challenges for International Law", https：//blog.oup.com/2012/12/challenges-for-international-law/.

[22] Anthony Kronman, *The Lost Lawyer,* Cambridge：Harvard University Press, 1995.

第六章　法律与社会

[1]《最高人民法院关于加强和规范裁判文书释法说理的指导意见》（法发[2018] 10 号）。

[2] 苏力：《判决书的背后》，《法学研究》2001 年第 3 期。

[3]（2007）鼓民一初字第 212 号。

[4] John C. Jeaffreson, *A Book about Lawyers, Vol.I,* London：Hurst and

Blackett, 1867, p.85.

[5] Indiana Rules of Civil Procedure 53. 1.

[6]［美］理查德 · 波斯纳：《超越法律》，苏力译，中国政法大学出版社，2001，第 128 页。

[7]《最高人民法院关于严格执行案件审理期限制度的若干规定》（法释〔2000〕29 号）。

[8] Matthew Josephson, *The Robber Barons,* New York：Harcourt, Brace and Co., 1934.

[9] [美] 理查德 · 波斯纳，《法律的经济分析》（第七版，中文第二版），蒋兆康译，法律出版社，2012，第 860 页。

[10]《关于办理盗窃刑事案件适用法律若干问题的解释》（法释〔2013〕8 号）。

[11]（2019）京 0491 民初 665 号。

[12] 马克思，恩格斯：《马克思恩格斯全集》第 25 卷，人民出版社，1972，第 893—894 页。

[13]［美］约翰 · 巴洛：《网络独立宣言》，李旭、李小武译，高鸿钧校，《清华法治论衡》（第四辑），清华大学出版社，2004，第 509 页。

[14] 胡凌：《中国互联网的“非法兴起”》，《文化纵横》2016 年第 5 期。

[15] 胡凌：《重新审视“互联网的非法兴起”》，http：//lawincyber.com/117。

[16] 433 U. S. 350（1977）.

[17]［英］狄更斯：《荒凉山庄》，黄邦杰等译，上海译文出版社，1979。

[18]［英］莎士比亚：《亨利六世（中）》，梁实秋译，中国广播电视出版社，2001，第 169 页。

[19] 转引自冯象：《法律与文学》，载《北大法律评论》《第二卷第 2 辑》，法律出版社，1999，第 694 页，译文有所改动。

[20] Rule 7.3, American Bar Association Model Rules of Professional Conduct.

[21] IB 8.5, Solicitors Regulation Authority Code of Conduct 2011.

[22]《律师服务收费管理办法》（发改价格〔2006〕611 号）。

— 后记 —

任何涉及专业知识的书，都是专业视角的产物，无论面向同行还是外行。于我而言，本书似有不同：它是跳出所学专业、重新审视专业的思考结晶。自我的思考萌芽，实则由来已久；很多人的启发督促，让它最终成形。

18 年前，我进入北京大学学习法律，很快感觉选错了专业。当时，我的兴趣是哲学之类的社会科学，试图不自量力地探索世界的本原和社会的真理。我感到法律似乎并不关心终极真理，而重在职业训练或信念表达。我感到困惑。我一边学法律，一边在法律之外看法律。这种感觉一直贯穿于日后学习、研究和教授法律的历程中。

两年前，当得到 App 与我商量做一门法律课时，多年前的感觉立即浮现眼前。或许这是一次让我澄清这种感觉的机会。这种澄清，或许也能给更多在法律之外看法律的人提供图示。于是，一年构思试写，半年成稿讲课，半年书稿修改之后，本书终于面世。个中历程，冷暖自知。

我要感谢很多人。感谢罗振宇、脱不花、宣明栋、鹿宇明、李翔、蔡钰、邵恒、林飞扬、牛子牛的不断激发、启示和帮助；感谢“法律思维 30 讲”的主编刘莎的辛勤付出和宝贵意见；感谢本书的编辑白丽丽、丁丛丛、刘晓蕊的精心策划和专业精神，以及上海交通大学出版社的大力支持。感谢我的学生张圣泽出色的研究协助。感谢“法律思维 30 讲”众多用户的支持和反馈。

在本书正式出版前，得到图书邀请数百位得到同学组成审读委员会，对新书提前审读。审读者们反馈了诸多宝贵的意见和建议，帮助我进一步完善了本书内容，在此特别感谢。我也欢迎未来的读者继续提出意见和建议，在此提前致谢。

最后，感谢过去近 20 年来引领我丰富法学认知的诸位师长和业界人士。他 / 她们的教导和启示，春风化雨地融入了本书。

2020 年 3 月 30 日